枞阳文化丛书

"枞阳文化丛书"编委会编 ┃ 丛书主编 钱叶全

〔明〕左光斗 著　　吴纯生 点校

左光斗诗文集

合肥工业大学出版社

图书在版编目(CIP)数据

左光斗诗文集/吴纯生点校 . —合肥:合肥工业大学出版社,2017.2
ISBN 978 - 7 - 5650 - 3259 - 2

Ⅰ.①左… Ⅱ.①吴… Ⅲ.①杂著—中国—明代 Ⅳ.①Z429.48

中国版本图书馆 CIP 数据核字(2017)第 025060 号

左光斗诗文集

吴纯生 点校	责任编辑 疏利民		特约编辑 陈 靖	
出 版	合肥工业大学出版社	版 次	2017 年 2 月第 1 版	
地 址	合肥市屯溪路 193 号	印 次	2017 年 7 月第 1 次印刷	
邮 编	230009	开 本	710 毫米×1010 毫米 1/16	
电 话	总 编 室:0551 - 62903038	印 张	19.25	
	市场营销部:0551 - 62903198	字 数	282 千字	
网 址	www.hfutpress.com.cn	印 刷	安徽联众印刷有限公司	
E-mail	hfutpress@163.com	发 行	全国新华书店	

ISBN 978 - 7 - 5650 - 3259 - 2 定价:38.00 元

如果有影响阅读的印装质量问题,请与出版社市场营销部联系调换。

"枞阳文化丛书"组委会名单

顾　　问　刘亚东　　张文林　　占聆娜　　胡海峰
主　　任　罗成圣
副 主 任　李红兵　　吴　峰　　杨贤招　　胡长友
　　　　　周晓娟　　李晓勤
成　　员　叶学挺　　荣光杰　　俞正银　　钱利勇
　　　　　吴银明　　吴云剑　　马满华　　汤晓克
　　　　　张马寅　　谢虎超　　王　松　　查乐乐
　　　　　姚望华　　钱叶全

"枞阳文化丛书"编辑部名单

主　　编　钱叶全
执行主编　谢思球
分册主编　王乐群　　钱王刚　　陈　靖　　孔令军
　　　　　王建生　　谢思球　　鲍官明　　吴纯生
图片编辑　汪华君　　吴保国
编　　务　王　娟　　王汉英　　伍创新

枞阳要大力加强文化建设，坚持打好文化资源牌，充分发挥名人效应，增强文化自信，将文化底蕴和名人资源转变为发展优势，推动文化大县向文化强县跨越，促进枞阳经济社会全面进步。

　　切实做到"三个坚持"，一要坚持以人民为中心的创作导向，深入挖掘枞阳文化时代内涵，提升方苞文学奖、朱光潜艺术奖影响力，丰富文化产品供给。二要坚持大力发展文化产业，推动文化与旅游、科技等融合发展，建成一批重大文化产业项目。三要坚持发掘提炼"枞阳精神"，增强全县人民文化素养和文化自觉，努力建设文化强县。

　　——选摘自中共铜陵市委常委、枞阳县委书记刘亚东在首届"方苞文学奖朱光潜艺术奖"颁奖会议上的讲话

序

做好枞阳文化创新的时代课题 | 罗成圣

　　文化是一个地区的特质和灵魂。枞阳地处吴头楚尾，滨江怀湖，有着五千多年文明史、三千多年建城史、两千多年建县史，独特的区位和悠久的历史，形成了具有枞阳特色的地域文明和文化精神。

　　枞阳自古就是钟灵毓秀之地，教育发达，人文荟萃，名人辈出，在"安徽百位历史文化名人"中占据11位，先后涌现出"铁骨御史"左光斗，百科全书式的大师方以智，桐城派代表人物方苞、刘大櫆、姚鼐，以及将军、外交家、艺术家黄镇，中国"计算机之父"慈云桂，著名美学家、中国现代美学奠基人朱光潜，"一代大哲"方东美等一批风流人物。当代杰出人物层出不穷，以"两院"院士汪旭光、陆大道、丁汉、王福生等为代表，分布在世界各地的枞阳才俊如大江潮涌，竞展风流。

　　枞阳是桐城派的发源地，桐城派的代表人物及后起之秀大多生长在这块土地上。他们师徒相传，著书立说，学术宏富，形成了庞大的作家和学术群体，蔚成"何意高文归一县，遂令天下号宗师"的文化奇观。

桐城派从枞阳走向全国，影响清代文坛两百余年，南极湘桂，北被燕赵，享有"文章甲天下，冠盖满京华"的盛誉，成为中国文学史上历时最长、参加人数最多、影响最大的文派。

枞阳既是历史悠久的文化大县，又是经济快速发展的新兴地区。枞阳雄踞八百里皖江之中，位居合肥、铜陵、安庆、池州四市之间，"一带一群四区"六大国家战略叠加效应明显，区划调整后经济社会建设得到市委、市政府"五个优先"支持，已经迎来新一轮的大发展、快发展。"十三五"时期，县委、县政府将团结带领全县人民，努力把枞阳建设成为世界铜都江北副中心、合肥都市圈通江达海重要门户、长江经济带重要区域节点、现代旅游休闲养生度假重要基地。

文化包含着兼容、开放和创新。面临枞阳"十三五"发展的大开放格局，枞阳文化迎来了继承弘扬、熔旧铸新的时代课题。如何继承弘扬枞阳优秀传统文化，如何把枞阳的文化名片做大做亮，需要全球视野，需要大开放的战略，需要海纳百川的胸襟，需要枞阳时代文化的吐故纳新。毫无疑问，这需要在历史文化的根基上形成一系列创新文化体系，包括加快现代公共文化服务体系建设，实施一批文化惠民工程，提升公共文化服务供给能力；坚持以人民为中心的创作导向，深入挖掘枞阳文化时代内涵，提升方苞文学奖、朱光潜艺术奖影响力，丰富文化产品供给；大力发展文化产业，推动文化与旅游、科技等融合发展，建成一批重大文化产业项目；大力弘扬社会主义核心价值观，发掘提炼"枞阳精神"，增强全县人民文化素养和文化自觉，努力建设"文化强县"等。创新是枞阳文化的灵魂。只有不断创新，才能保证枞阳文化的生生不息，才能将文化优势转变为枞阳的发展优势。

正是在这样的背景下，"枞阳文化丛书"第一次较为系统地梳理出枞阳历史名人、古代诗文选、当代文学及剧本、民俗风情和非物质文化遗产等精粹。这套丛书的出版，既是枞阳文化建设的一大成果，又是继承和发扬枞阳优秀传统文化的重要媒介。希望更多的有识之士参与到发掘、研究和弘扬枞阳文化的行动中来，续写无愧于先贤、无愧于时代、无愧于后世的文化新篇。也希望"枞阳文化丛书"作为一个文化创新品牌，在彰显枞阳文化自信、发展自信上，形成文化创新系列和出版系列，坚持不懈地锻造文化佳作，输出精品力作，传播正能量，引导大潮流，展示枞阳文化永恒的魅力。

　　枞川文明生生不息，枞阳精神薪火相传。感谢枞阳大地，感谢枞阳人民，让我们共同仰望这片土地上的灿烂星空。

　　（作者系枞阳县人民政府县长，"枞阳文化丛书"编委会主任）

前　言

千古忠毅一乡贤 | 吴纯生

　　孟子认为"至大则刚"的"浩然之气"乃"集义所生"，称气节！喜欢收看《百家讲坛》的我再次认识什么叫气节。西汉张骞出使匈奴十年，即使被军臣单于赐匈奴女子结婚生子了，但张骞手中代表汉朝的符节，就是上面扎有些牦牛尾毛的一根竹节手杖，时时刻刻持在身边。还有西汉苏武持符节牧羊十九载，"天雨雪，武卧啮雪，与毡毛并咽之"，同样表现了顽强毅力和不屈气节。宋代文天祥的"人生自古谁无死，留取丹青照汗青"的视死如归节义，影响着无数中华儿女。乡贤、明"铁骨御史"左光斗便是有着"气节之乡"美誉的枞阳县代表性历史名人之一。他以天下为己任、不畏权势、敢于訾议朝政的气节为后人所敬仰。

　　地域文化是中华民族文化的组成部分，传承着优秀的民族精神，可以凝聚民心，振奋意志。优秀的乡贤文化既能启迪后人，感悟人生，净化心灵，并进而培养人们热爱祖国、热爱家乡的高尚情怀，同时还能够提升地域特色文化的思想内涵，彰显深厚的历史文化底蕴。上高中时，我读过桐城派始祖之一方苞的《左忠毅公逸事》，刚参加工作第一站就在左光斗祖居地枞阳县原左岗乡。当年被民间许多关于左光斗的传说所折服，尤其是他那崇高的气节精神深深震撼着我。

左光斗（1575—1625），字遗直，一字共之，号浮丘，又号苍屿，出生于今横埠镇横山村大朱庄。9岁作《粥赋》，20岁时聚书数千卷，犹喜古代节侠诸传记，研读程朱理学，后嗜古文《左传》《史记》《昭明文选》等。明万历三十五年进士。先后任中书舍人、监察御史、大理寺左寺丞、大理寺少卿、左佥都御史等职，官至正四品。他任监察御史巡视京城，破获吏部制假印卖官大案。万历末年，数月之间，明朝走马灯般地换了三个皇帝，后宫干政，朝局动荡，以他为首的东林党正直大臣们力挽狂澜，先后迫使郑贵妃、李选侍移宫，使皇权顺利交接。他知人善用，独具慧眼地发现并举荐了一代名臣史可法、镇守辽东与宁锦防线的大将孙承宗，培养了袁崇焕等一批名将。无奈当时君昏臣佞，党争日炽，为重振朝纲，他疏列阉党魏忠贤三十二条当斩之罪，可结果其矫诏将他与杨涟等东林大臣一同削籍并逮捕入狱。狱中受尽折磨被摧残致死，时年51岁。崇祯帝即位后，为表彰他的精神，特追赠为右都御史、太子少保，谥忠毅，奉祀顺天府及桐城县乡贤祠。后人将其祖居地横埠左家宕命名为"忠毅村"，以示纪念。

本人很荣幸参加"枞阳文化丛书"之一《左光斗诗文集》的点校版的编辑工作。明御史左光斗生活在明代万历、泰昌、天启三个朝代，国内已出版关于该三个朝代历史典籍种类繁多，涉及其个人事迹及文字仅有只言片语、段落章节，但完整、系统的点校版《左光斗诗文集》应属国内外首册。本书主要依据中国科学院图书馆藏清康熙刻本影印的嗷椒堂藏版《左忠毅公文集》及清代潘锡恩《乾坤正气集》，共整理收集其序言与跋6篇、奏疏30篇、诗七大类215首、尺牍88篇、序文祭文等类 27 篇。另增补了从枞阳地域姓氏族谱等资料中查考到的相关五篇短文和三副对联等，个别诗保留了同一首的不同版本。参阅了清代潘江《龙眠风雅全编》和徐璈《桐旧集》。通过阅读，了解左光斗为官十八年，深知民间疾苦，任劳任怨，不趋权贵，执纪必严。他一生时刻牢记父亲左出颖在手录《阅史拾馀》中所叮嘱他的，既要有汉代张良、霍光、杜密等人那样"澄清天下之志"，又须具备宋朝范仲淹、富弼、蒋之奇、梅询等大臣那样精忠清廉的民本思想和敢于担当的气概。

《奏疏》文字中渗透了气节精神。正如陈子龙和方震孺在其文集序言曰，"素仰文章节义""正直忠厚之气郁为文章"。有直言"弑父之仇可忘，必不可忘中国""闻国仇而奋臂磨砺者，隐然有封狼居胥之意"的忧国情怀。有敢于向长期不上朝的万历皇帝说"御朝，则天下安；不御朝，则天下危。若终不御朝，则终无救巳矣"的直批龙鳞之语，并以唐代安史之乱和宋朝靖康之耻来警示。有"速召当年直言敢谏之士及杜节守义之人"、自请朝廷"全臣之官，不若全臣之节"的慷慨激昂之言辞。有敢于向好友杨涟口喷唾沫"力争移宫，此时以宗庙社稷为重，臣等同咨诸臣噬指出血"的一腔热血。有对编造假文、假官、假印者"务令扫其窟穴，但得仕路少清，国储少济"的执法如山般的为官之道。有"忠臣洒新亭之泪、义士动故国之悲"，国家须急建武学，培养像郭子仪、岳飞一样军备将才的居安思危的雄才伟略。有"北方水利之兴自臣始，病亦自此始，首尾之载，心血耗尽，积有怔忡眩晕之症"的屯田水利"三因十四议"。其鞠躬尽瘁为民谋福祉和直谏敢言的品质，被朝廷多次表彰为"以清望持风纪"。"臣引颈就戮无悔，坦腹受之不惧"的气节精神影响了左光灿、周日耀、方以智、钱澄之、史可法等许多后人。

《诗》中抒发其鸿鹄之志。如"我有龙颖剑，欲杀投水滨；丈夫报国家，鸿毛安足论？""杀身成令子，养志学忠臣"。在与阉党针锋相对之际，慨然直陈"长安猛虎昼食人，雾盖燕云十六郡""生死成今古，风雷任鬼神"。以事业为重的他仍然有《寿家君六十》《九日怀亲》《忆二女》《与周岳翁》等许多注重亲情和孝道的诗词。有寄情于景、融景入情、热爱生活、热爱大自然的佳言诗句"寒力催梅发，春情入草微""青天万马聚，白日九龙游""石榴红绽葡萄紫，博望遥驰宛马归"等，更是他宽广的胸襟和文学才华的体现。诗人左光斗有似李白一样"无酒不诗"之雅趣，在其诗词中，含有"酒、醉、樽、醨"同类的字词有103处72首之多，如"玉壶寒至侵河朔，银汉秋澄逼酒泉"等展示其洒脱的豪气及与亲朋旧友交往过程中的中华酒文化。即使在狱中仍然苦中寻乐，借景赋诗感慨心中所敬仰的皋陶、李膺、范滂三位气节之神。有的诗意中蕴含着道与禅。他的文学造诣影响了自己子孙直系、支脉五代以上，其后代有诸多作品存世。其孙女左如芬著有《芷阁诗稿》等。

《尺牍》中记载的是他所交往的那些刚正不阿、图谋功业之人，自谦为"同臭气、同声气"，"有以唱之""忧国以言、忧国以心"。其中，既有同年进士"天下第一清忠"、驱逐荷兰外寇有功、耿介廉洁之臣邹维琏，也有"扬清激浊"程国祥等血性男子。对德高望重的恩师陈大绶，他尊之为"当与天柱江汉之灵世"。始终奉行《左传》中贤臣鲍叔牙所言的为政者要"能与忠良，吉孰大焉"。

《杂著》中有着对生养自己九兄弟的母亲周氏"为脱簪珥佐家君力学，操作任绩事""饔飧之资尽出母机杼"的孝亲。对子女期望是"我做清官无家私授汝""汝等只是苦志读书，不虚晷刻，人生世上做得些事，也不枉生一场"。在《贺某》一篇中阐述好友"一腔朗月、两袖清风""一腔正气、八面雄才"，其实是在感慨的同时，誓愿自己要"忠孝名节以立身，正直忠厚以立国"！

优秀的典籍经历了时光的冲刷，镌刻在人类文明历史的天空，用思想的力量滋润一代代后来人。本书对文史知识爱好者而言，在能够原汁原味地通读左光斗诗与文之时，既可从原文中了解左光斗笔法取于宋代韩琦、欧阳修、苏东坡等，又可了解大明王朝三个朝代的更替与兴衰过程中一些鲜为人知的细节，还可帮助掌握许多历史典故与成语，如悬鱼在壁、徙木立信、苞苴竿牍、石渠东观、程门立雪、渊渟岳峙等，定会获益匪浅。文字中蕴含的气节忠孝贯穿一生，爱国忧民、廉洁正直，为世人所称道，对当今社会仍有启发和教育意义，同时对明代历史研究、桐城派文化渊源研究、地域文化名人研究等有添砖加瓦作用。

　　我仰慕鲁迅先生当年在重视自己乡贤文化传承和喜爱东晋建安文学风骨的同时，耗大量时间与精力辑校《嵇康集》。孔凡礼先生曾针对点校工作说："事非经过不知难。"点校之前，本人阅读了数本相关明史书籍及清左宰和马其昶各自编著的《左忠毅公年谱》。开始时，我一边抄录，一边点校，直至有七遍之多。为便于阅读，对一些皇帝年号进行了加注纪年等。其原文中的字钉"□"因避讳等，尚待进一步考证。本人确是才疏学浅，点校工作尚属首次，对文言文知识一知半解，加之时间太仓促，难免在标点、段落、通假字等诸多方面存在不少缺点和脱漏谬误，恳请专家和广大读者批评指教，以便今后努力修改完善。在点校过程中，得到了许多领导与同事的具体支持和帮助，如恩师周甄拔先生、县文联钱叶全、县作协谢思球以及刘振、王友明、周美操、荣飞、施金兵、左军、吴玉英、左树苗等同志的指点，在此表示衷心的感谢！

2016 年 5 月 18 日

作于莲花湖畔

目　录

奏　疏

诗

尺 牍

杂　著

辑　佚

附　录

奏　疏

宗社危在剥肤疏

题为"宗社危在剥肤。天子未得见面，谨呼号臣工，哀请皇上，刻日御门，亟定大计，以留将去之天意，以收未去之人心"事。

臣至愚不肖，蒙皇上拔授御史之职，责之使言，而又适当东师屡挫，北关新破之时。是不但责臣使言，而更汲汲皇皇，欲闻天下安危之大计也。臣实不敢负此时、负此官，以负陛下。臣惟今日之事，辽安则天下安，辽危则天下危。皇上御朝则天下安，不御朝则天下危。亟御朝则救天下之全，迟御朝则救得天下之半。若终不御朝，则终无救而已矣！何也？今天下非无全力也。选将用人、征兵征饷，救辽者，非不多方也。正如病者在床，医者在门，曾不得望主人而切脉，投温投凉、治标治本总无当也。善医者则不然，但请主人正襟危坐，察言观色，伸脊容身，而病已霍然矣！臣非不知皇上静摄日久，厌闻"御朝"二字。而悦社稷自不得悦皇上，盖至今日，而天保①、靖康之祸已在眼前。皇上即欲深居高拱而不可得，臣即欲悦皇上以深居高拱，而亦不可得矣。皇上若能及此时而一御门，臣谓有十二善焉。

历数在躬，厥惟天子，有为子三十馀年不见其父者乎？乘此玉历新颁，剥尽将复，一出而天怒可回。非惟不怒，而喜出望外，佑而助之，当有加焉。一善也。

二祖八宗，是凭是依，有为子若孙，三十馀年不见其祖宗者乎？乘此太庙时享，躬亲亲邑，急难求禳，脉脉相许，转嗔为怜，转怜为爱，呵护亦当有加。二善也。

皇上天也，群工则万物也，有万物三十馀年不见天日者乎？皇上一出，而阴霾解散，阳气发舒，如久盲之复明，如长夜之忽旦。三善也。

不但此也，大寒朋来，暌孤乍合。皇上无所厌苦，群臣亦无所留难。群臣皇上，喜神以开，疑根以化。四善也。

主忧臣辱，主辱臣死，普天同仇，漏舟同载，风雨漂摇，动色相戒，恃心以破，惧心以生。五善也。

公愤盈朝，私斗自平。皇上曰：予一人之罪；群臣曰：诸大夫之罪。如儿女争言，见主人而自息；如兄弟阋墙，遇外侮而自消。和气以集，厉气以除。六善也。

而后问兵马于边臣。何以阅视叙功，则在在饱腾；欲调应援，则处处单弱？不但三韩九边尽然，不但九边，天下尽然，破积习而讨军，实莫大于此者。七善也。

而后问粮饷于计臣。何以兵既不足，而饷不见有馀；饷既不足，而兵不见有馀？由郑之范推之而边臣尽然，由陈伦推之而边帅尽然，由杜逢春推之而京师尽然。谁为外府，谁为内窟，核而清之，岁可省京储数十万；籍而没之，岁可增边储数十万。爱金瓯，爱金钱，计俱无出此者。八善也。

又且问用人于铨臣。夹袋预藏，藩篱尽破。毋以人尝官，毋以官尝地。为天下用一人，毋碍一二人面皮而不用；为天下舍一人，毋徇一二人意见而不舍。论定取自上裁，不效罪坐举主。日月照临，功赏明白，是谓天下之大智。九善也。

又且付罪臣于法司。如杨镐、李维翰等，李如桢、李如桢等，雷电合章，直穷到底；毋令通神使鬼之奸，别行媚奥媚灶之术，是谓天下之大勇。十善也。

又且申陈力就列之义于大臣。能如于忠肃之入守出战，王忠毅之北讨南征，则请拜枢密；否则奉身而退，斩断葛藤，毋久妨贤路，是谓天下之大断。十一善也。

臣更有寒心者，自皇上不见群臣百姓以来，人人都无固志。揣时度势，皆谓皇上必将弃边以弃天下。以故讨差日多，趋朝日少。富商大贾席卷南还，勋戚贵臣阴图转徙，唯听辽阳消息，以为进止。长安一片地，独遗陛下一孤注耳。卒然有急，二三宦竖掉臂而去，不惟二十四郡义士不可得，即求南朝李侍郎一人不可得矣。皇上一出，而群情有所恃以无恐，庶几留者不去，去者复来，转相告语，效死勿去。人心未去，天意随之，是谓激发天下之大机。十二善也。

有此十二善，而又不过一举步之劳，片刻之暇，何惮而久不为此？此必有物以祟之。将在外廷耶，在内廷耶？在外廷则举朝不应有此臣子，在内廷则皇上奈何甘受其祟，群臣亦奈何甘同其祟而不悟也哉？是役也，天地祖宗之灵实式临之。皇上若能鉴臣之愚，不待诸臣之请，即日御门，亟自决策，自家家事何用人催，臣之上愿也。万一不然，辅臣冢卿三日内率文武百官蒲伏阶前，一请百请，撼门痛哭，期于得请而后已，书之史册：万历四十八年颁历，享庙之日，群臣恳请御门，荷蒙俞允，臣主俱泰，岂不休哉！若曰：皇上方厌此请，请未必出。请而不出，作何究竟？请而若出，作何答应？此皆不忠于皇上之大者，则惟有拱手听宗社之亡而已矣！孝子之操药，以羞慈父也，药未必效，而不敢不羞；若逆料其不效，而听其自已焉。士大夫岂宜作此心术哉？

　　窃见日前叩阍，主上颇亦动念，而持之不坚，请之太杂，遂令皇上视叩阍为儿戏。以至虎豹当关扼门，士绅垂首丧气。误不可再，时不可失。及此不图，再待辽东警报，而后一叩了事？幸而及，臣所谓仅救其半，不幸而不及，不忍言矣。此时群臣即欲入宫门一步见陛下，陛下即欲出宫门一步见群臣，岂可得乎！昔金哀宗时，有男子衣麻衣于宫门前且笑且哭，诘之，则曰："我笑，笑举国无人；我哭，哭金国将亡。"□□且然，堂堂天朝祖宗二百五十馀年尊贤养士之报，岂遂无一人担当此事者？臣窃耻之。臣入告之初，不识忌讳，惟圣明留神省览。

　　校记：①"天保"应为"天宝"之误。

国是本乎人心疏

　　题为"国是本乎人心，公论国之元气。恳乞圣明，轸念时艰，急谕辅臣，爱惜人材以为社稷"事。

　　近该六月，内奉有圣谕，会推阁臣，时有礼部侍郎何宗彦未推，士论惋惜郁愤。至今始一吐露，是乃发舒举国之公心，非特一人一家之私议也。科臣张延登与闻会推，辨明当日原无成心，而语气之过，几成争端。虑恐同官再有疏矣，敢一平心剖之。夫宗彦之才，具足以救时佐礼，原无显过，举朝之所共知也。延登之自有生平，当日原无成心，亦举朝之所谅也。

　　今日之事，根源是在辅臣，则收拾亦在辅臣。何也？辅臣虽不与会推，而荐贤为国，实大臣第一件事。辅臣当日若与铨臣商确，力持必推之意，如丁未年推李廷机故事，必不至有今日。若始存必推之说，仍高阁束之，如近日兼推外臣故事，亦不至有今日。而今已往矣。通国之人情，不能不致憾于辅臣矣。臣今为策之，国家多事，二三老成如败屋同支，如覆鼎共足。当此用拯马壮之日，能无将伯助予之呼？则以通国之舆情，直告皇上，用舍取自上裁。既得有闻入告之忠，又得以人事君之体，明明白白，正正堂堂，人谁不谅之？辅臣开诚布公相业，此为第一策之上也。不然，袖如充耳，漫不经心，遗者既不能举，点者亦不复催，幸将来之未进，为成功之不遑。

辽阳保过今冬，摋席再占来岁，策之次也。万一不然，当兹晨星之会，更登偃月之堂，别有撼拾，再动杀机，未增一阁臣，反去一宗伯。飘然去者，自有馀荣；而枝蔓转多，摧折不少，辅臣能晏然已乎？策斯下矣。辅臣必不为此，正恐时势所迫，臣之下策，或出辅臣上策。川不可防，火不可郁，朝端从此不静矣。倘更有如陈东其人者，狂叫上书，挝坏登闻之鼓，所伤国体已多，而国祚不随之去乎？嗟乎！兵①祸在疆，士祸在朝，大臣之忧当甚于臣等，能甘心坏人家国也哉？

宋王旦荐寇准为相，真宗曰"彼尝谈卿短"，旦曰"臣为相，日久缺失必多，以此益见准忠直"。臣愿辅臣之为王旦。欧阳修荐范仲淹为相，仲淹以执政不可由谏官得，坚辞不拜。臣愿礼臣之为仲淹。李纲之罢也，胡安国毅然不顾，缴还词头。臣等则愿为安国矣。臣区区之心，实欲人各还其本来，事各还其情实，存朝廷有用之才，养国家和平之福，不觉厚望辅臣之切如此。然非天语叮咛，圣心圜转，责令辅臣一力担荷，辅臣亦安所藉以从事而塞天下之望焉？

校记：①原字涂去，此据《乾坤正气集》作"兵"。

复祖宗之旧制疏

题为"复祖宗之旧制，以光枚卜之盛典"事。

臣惟宰相之职，古无专用，故周召皆以宰相出牧，唐裴度、李德裕皆以平章行边，宋韩琦、范仲淹皆以参知经略。未有一入温树，占定揆路，如兔之护窟，必不肯容一二窥足者。

其在本朝，相业光明俊伟，代不乏人。胡俨以知县入，杨士奇以审理入，袁宗皋以长史入，张瑛、陈山俱以乡举教官入，俞刚以生员入，王文、薛瑄以御史入，高穀、黄淮、杨一清俱以中书舍人入，许瓒以推官入，李贤以吏部主事、方献夫以礼部主事入，杜萼、张孚敬俱以刑部主事入，金幼孜、夏言俱以给事中入。此皆皇祖近事，无烦远稽者。自是相业寖衰，上理不奏。虽以先帝之神明，尚留此圣朝之缺事。揆厥所由，盖缘张居正以权受祸，而继之者遂守模稜为秘诀。于是进退之权拱手而听之吏部，票拟之权屏息而奉之中官。又虑防口不可，塞耳不能，于是以留中之术，诡秘而托之帝。

若以其身不见不闻，无所事事，而收权取资，政在不见不闻，无所事事之中。盖自王家屏而后，大节眇闻，短辕时偾，黠者因缘为奸，利鄙者苟富贵而已。脉脉相流，心心相授，既使外廷不得预而守之为家传，又使体面有可观而借之为陪客。得者既奄为故物，失者亦忘其从来。每一番会推，一番故事。黄檗止啼，盗铃掩耳，名实乖舛，情理错谬，莫此为甚。如其必不用，何如勿推；如其应用，又何为是虚衍套数，欺陛下、以欺天下哉？

兹者，幸逢尧舜之主，自有皋夔稷契之臣应运而兴。况陛下求贤若渴，夙夜不遑，钓渭耕岩，皆当物色而比肩之。臣自设关隘、峻藩篱，孤圣主无方之心，而隳先朝累行之典，宁直四十八年之缺陷不完，亦圣宗二百馀年之盛美不畅也。阁臣即敢于蔽贤，决不敢于负皇上。皇上先将臣等合疏敕下吏部，令词林外廷一体兼用，然后会推上请，祈皇上一体钦点。如阁臣再有密揭，进用私人，仍以虚文塗人耳目，容臣等直疏纠参。是役也，明明在上，穆穆布列，少有邪曲，人皆立见。大约用词林，三言尽之：不受中官知，不受阁臣知，不受小臣知。用外廷，亦三言尽之：能为中官重，能为阁臣重，能为小臣重。如薛文清、三杨，求一面不可得，而中官之见嫉者，亦皆曰好官惟薛卿。岂以明良交泰之会，公道昭明之时，而天下遂无人应其求哉？但以天下官用天下人，以天下第一等人，居天下第一等官。勿更叙资叙齿，如昨年故事，为词林羞。既用之后，或出而领牧，或间一巡边，内外互为用，亦互为更非直。居其地者，不敢以身尝；而爱人者，亦不敢以人尝矣。光万年之历，服而佐泰昌之景运，莫先于此。

外寇未除内患将作疏

题为"外寇未除，内患将作，恳乞急论枢臣，慎举动以保宗社"事。

自有东事以来，枢臣黄嘉善误陛下非一事、非一日矣。而大臣顾惜体面，莫肯明言。昨见经臣熊廷弼一揭，大约谓其以纸上虚数诳君父，以钱粮虚辞哄各边，启各衙门以争执之端，开各地方官以观望之路。而至语以用李氏兄弟，催三路出兵，庇各处失陷之罪。沉匿清河、开原勘案，致监院屡催不发，惟勘功则发之。安视经略下诏狱，而竟纵两帅于私第，不忍重言一声其罪。经臣身在事中，言言实录，但以揭未以疏，陛下无由省览耳。嘉善此时屏处城隅，席藁待罪，乞陛下贷一死则已为万幸，乃欲扬扬趋朝蒙面视事，岂以陛下之太阿为不利耶？

嘉善自有所恃以无恐，独不见丁汝夔之已事乎？临刑之日，始大呼曰："贼嵩误我！"彼误人者亦安足恃耶？然犹曰"疆场之事也"。嘉善之智昏识短，不辨阃以外也。若乃腹心酿乱，为海内所痛心疾首者，莫如征民兵、召外兵二事。何以明其然也？兵农之分久矣，里中之法犹存馀意。若使贤有司，仿先臣尹耕乡约之制，父子兄弟，人自团练，即一邑可得胜兵数千人，令之捍卫地方足矣。嘉善倡为每县四十名之说，闾井骚然。里老之追呼，吏胥之悉索，九死一生幸而得脱，然而破家鬻子，不勾津贴之费。至于行者，嗔目伤心，杀人于途，劫人于市，淫人于室，民之苦兵，甚于苦盗①。

夫费公私数十万金钱，招此数万离心离德之众，安所用之？近通州又见告矣。议者欲令出关一步，辄攘袂而起，何待有事而后知其不为我用乎？岂惟不为我用，或反为人用，或自为用，皆有不忍言者，是征民兵之实，害也。募兵洵不厌多。昨岁遣四司官，今复议遣四科道，兼以将才之开选，各土兵之征调，可谓多方。要以募者受朝廷之豢养，选者受朝廷之告身，即调者亦受朝廷之约束，如马之有衔勒，而后过都历块，惟所驰骤焉。若使不受衔勒，即一马踏杀天下有馀矣。

臣伏见去年八月内，嘉善突有条陈，仿宋臣张浚之法，招百人以上者准武进士、授卫镇抚，招二百人以上者授把总，招三百人以上者授千总，招五百人以上者授守备。欲行各省直抚按衙门榜示，各地方废闲将领，及会举武举并杂色人等，但能自带家丁，自百以至数千人赴京，听会官试验等语。旧十二月再循故事，复为申请。嗟嗟！南渡偏安，流离播迁，偶一为之。国家全盛，何至若此？此计果行，是何进召外兵之故智也。国家何负于嘉善，而为此不祥之事哉？

自旱魃为灾，江淮兖豫之间，蠢蠢思动，兼无为白莲之教、崔荷绿林之豪，实繁有徒。此风一倡，转相啸聚，有司莫敢问。羽翼既成，声势既重，或观望而不前，或源源而不止，或屯聚而不散，黠者要挟渐生，智者窥伺渐起，加以大兵聚会，强者为雄。此时即下诏，止之不能，解之不可，是使奸雄飙驰于阙下，而豪杰蜂起于山东也。授乱臣贼子之柄，而复被之以忠臣义士之名，反速而祸大，不在□□矣。

　　嘉善之肉其足食耶？天祚国家，幸未得旨，犹可及止。臣敢不昧死早言之？若夫募兵选将，及边塞废闲复职之议，自不妨举行耳。臣尝谓国家无兵有无兵之害，有兵又有有兵之害。民不知兵，既有不知兵之害；人尽知兵，又有知兵之害。言虽迂阔，亦各有见。民之蚩蚩，毋生其心，天下眷眷，毋开其始。行人司司副刘时俊，每与臣谈及此，辄歔欷欲泣。时俊远识鸿猷，能为国家当一面。曩为臣县令，吏民畏服如神明，臣固知能办此。近见乞差西归，虚此有用之才，臣甚惜之，窃谓当留辇毂下，以备缓急之用。即使署宜差，或令之宣慰属国，察其情形图上方略，毋令异时欲遣而难其人也。统惟圣明留神采择。

　　校记：① 原文涂去，据《乾坤正气集》，作“盗”。

枚卜既已不平疏

题为"枚卜既已不平，主爵不宜再误。恳乞圣明敕下廷臣，以权衡还部院，以是非还台谏，以威祸还朝廷"事。

自□□匪茹，疆圉渐蹙，辅臣日在醉梦，冢卿天不憖遗于时，平章军国，则思救时之宋璟，铨序流品，则思清通之山涛。非若平常无事之时，可用朝三暮四之术者。乃礼臣何宗彦以不参改南之属官，失懂要地，夺之揆路，予之礼书。已乃并其礼侍而夺之，弄之如婴儿，逐之如孤雏。

臣尝劝辅臣为王旦，科臣亦劝为萧何，皆漠然不应。去者不洁其名，主者莫执其咎，然则谁为为之？孰令听之者耶？今腹甲既解，眼丁已除，贺战胜者在庙堂矣。可惜一番公慎明旨，竟作一番恩怨结局。蹊田夺牛，毋乃已甚，一不平也。长谀佞之风，短肮脏之气，二不平也。覆改南之吏部则不问，不参改南之礼部则问之。同事异律，同情异罪，三不平也。渡江河而遇风波，中流而失维楫，四不平也。李代桃僵，形迹不白，恐去者与后去者各不相明，各非其罪，五不平也。使其稍有悔心之动,宜如何为补过之图,乃作事已错,魂梦皆颠,洊被人言,方寸转乱。于是积威约之,渐以镇之,而萧毅中几不免矣。

赖皇上宽仁大度,不深罪御史,而徙木立信,弃灰示威,从此各知回避。既悬必杀之意,又感不杀之恩。辅臣所谓导天地之心,而迎一阳之复者,能已见于天下矣。假令以此一片精神,请阁臣,请总宪,请冢宰,请考选,庶几一遇,岂不亦履长盛事?惜乎具误用之也,似非庸者所能辨也。连日以来,主上分谤,御史待罪,中使络绎传宣,罪帅公然代揭。宫府一体,文武同心,得君行政,此其一时,似又非庸者所能辨也。人言籍籍,皆谓有所受之,姑为打草惊蛇之谋,徐为下水拖人之计,臣不敢谓然。但为辅臣计,自当守庸之本体,爱辅臣者,自当还庸之本色。从来末世奸雄剪除忠良,位置私人,壅蔽聪明,杜绝言路,皆欲有所用之。辅臣非其人也,意欲何为哉?目今揆席正虚,不知其意,又将位属何人?

十馀年来,皇上人惟求旧,多用老成,而精已销亡。由人提挈山林起家者,灰冷待燃,觉黍谷之易煖;地位相近者,热中已甚,觉蔗浆之易寒。前有知己一人之感,负心不可;后有相倚为命之意,解腕不能。往往一入其牢笼,事事动遭其魔障,遂至以百官之领袖为胥吏之承行。戏局一场,宝山徒手,甚而尽丧其生平者有之矣。臣窃痛之,拜爵公朝,受恩私室,非所以爱大臣;尔爵可糜,吾鼎先弃,非所以自爱。失身之害,甚于失官,失心之害,甚于失身。吁,可危哉!所以为此者,不过保全时局耳。

嗟乎!金瓯可保,方论功名;性命苟全,方问富贵。万一辽阳不支,大事将去,此时贤愚同尽,恩仇平等。臣不知抱此不败之局将安往耶?亦可深长思矣。今日之事,铨司断宜博访金谋,即候命散馆诸臣,历资皆六七年,亦当与闻。末议毋令再贻后言,倘更如枚卜故事,碌碌因人，暗中摸索就里机关，臣等执白简而随其后矣。臣无知交，亦无乡曲。正谓年来，俞旨甚艰，廉耻道丧，鄙者不去，贤者不留。皇上不问其去留，要人各得以其意，自为去留。一留一去动须数年，再去再推又须时日。在辅臣不难为数年之淹，不知□□可能为数月之待。既误国事，兼伤国体，不得不亹言之。惟圣明留意焉。

捉获假印疏

题为"捉获假印假文，的供假官假批"事。

臣簉仕中书六年，御史候命七年，皆在都门，习闻奸胥之弊。及拜命后巡视城务，臣出示晓谕，于拜把、拿讹及假印假官，三致意焉，期无故犯。乃于前月，有鲁仁状告王承恩、张科打抢。及审，则原、被绝不相认，而仁为其主邹成所使，欲以灭口者也；遂得发李友芝、郭希孟两贡生讹年之弊。赖部臣同心发奸，即日参送，如律究拟。

未几，而书办金鼎臣来告，执照捏情甚大。臣以未经告理，先讨执照，殊心疑之，欲行质审，而告鼎臣者踵至。正在拘提，陈圻报有惯做假印缪槛，臣随行兵马司王仪亲至其家，缉获并搜其伪印文案一捆，计八十九宗、伪簿二扇。而是日金鼎臣闻风匿矣。又准陆培元报有假印魏成铨，臣复行坊官汪从濂亲缉，并搜其家，得伪文一扛计三百八十六宗、伪簿一百零七扇。

臣当堂审得：缪槛一名缪八，系刑部贵州司未遣军犯；魏成铨一名魏时用，户部山西司事例科书办，伪印伪文是的。随批行兵马司会同东城童司官齐至公所，悉心细审。要见各犯是何处人、是何行头、如何作弊、何人得银、何人假印、何时冠带、何时选官，一一填注明白，速速报据。

审得：魏成铨与缪樌，及脱逃吏部三考科吏金鼎臣即金七環又名金漆碗，及不在官先为三考科书办后为节慎库书办黄咸池即黄汝明等，彼此串通，作奸犯法，过恶多端。有贡生吴心舜、石中玉等，尽行倒提年月，上卯收选，随行礼部及太仓银库，查弊讫。及辽东监生李大夏以监生改作儒士，大夏自首讫。又江榜贤、朱衣等弊是实。缪樌供称，原系三考科书办，三十七年为与滕文祚伪造假印，事觉，被范主司参送刑部贵州司问军，未经发遣。因告纳赎，保放在外，不改前非，仍行伪造，骗人财物。有黄廷宣、陈期椿、蒋应伦、宋承祖等，俱以假印做官。

又据审原告陆期等供称：朱国蕴、黎大成、何英道、黄廷宣、金化鲤等，俱以假印假文做官，得银多寡不等。当令缪樌当堂描考功司、文选司、节慎库等衙门伪印共三颗；魏成铨亦描银库衙门关防一颗、凭印二颗，共三颗比对，搜伪文印文相同。臣随将供报名开送吏部文选司查验，随据文选司回称："查得考功司三考科当该金鼎臣，向以奸诡，经该司革役，不意其与军犯缪樌、户书魏成铨表里为奸，假印假官一至此也。据供各款殊为发指，本部各有司存，随经移付各司，查覆前来"等因。

查得黄廷宣，直隶保安州人，四十四年二月准考功司付上粮，从七品冠带，四十七年选河南彰德卫经历。查本吏单注实历，今封司回称"缺簿无名，明系假伪"。

一查陈期椿，浙江武康县人，四十二年八月准考功司付上粮，正九品冠带；四十六年十二月选上海县主簿。今封司回称："本吏参万全都司所属仓矣，安得又参都察院架阁库典吏，而以印信手本起送乎？况功司拨办簿无名，功司二考簿无名，明系假伪。"

宋承祖，凤阳人，四十七年十月题授冠带。然吏未有一身而两役者也。本吏文之投于功司者，则万全都司起送称参兵储仓攒典；文之搜获于缪樻家者，则保安州起送称参宣德仓攒典；旁又改延庆州长安堡攒典，且两地申文笔迹，俱出一手，其为假伪无疑。

石中玉，湖广巴东县人，以四十四年岁贡，而咨称"四十三年夏季挂选，四十七年六月考定州判未选，明系高抬。"

吴心舜，江西安仁县人，四十六年挂选，四十七年二月户部咨开，四十二年挂选，乞免一年银四十两，四十七年四月考定府经历，四十七年十月选苏州府经历。此其那移年分，又较石中玉为甚者也。

朱国蕴，据功司回称：江西永新人，充延庆州赤城广备仓攒典，纳上粮银三十两；四十七年十二月冠带，二考付簿无名，及封司缺簿无名，明系假伪。

一黎大成，河南人，准功司回称：文思院入充顺天府新城马房仓攒典；四十一年十二月上粮，正八品冠带。据工部咨：加外府经历银二百七十两，已选南雄府经历讫。今查功司无起送，原文亦无封司查回。又准封司称：缺簿、办簿俱无名，即使加纳果真，而一考二考之伪，已难掩矣。

一何英道，浙江人，查本司冠带簿无名。据考功司回称：系四川道当该，然二考付簿无名，缺簿无名，明系假伪。

一金化鲤，准功司回称：顺天府通州人，充延庆州赤城广储仓攒典；四十一年四月题授上粮，从九品冠带；四十五年十一月加纳典史，四十七年六月选仪真县典史。无原文亦无封司查回，及查封司缺簿、办簿俱无名，明系假伪。

等因到臣续据刘良佐即刘二告为雠杀灭口事称"系鼎臣家人事发惧

泄，送监通州，意图绝食，死在旦夕"等语，臣随行通州吊取面审，口称鼎臣住周姓房屋，往日搬房，周家小四儿、小招儿进卧房打扫，亲见砖地有隙，藏有锡盒一个，内石印三颗。当时惧祸，恐惹是非，投在井内。随拘小四儿、招儿面审是的。臣当行彭坊官至井打捞，将井水淘尽，入泥尺许，淘得石印二颗，完好无缺，其一颗已破碎，止存印影。臣将一干人犯及伪印，同送刑部讫。

又据缪檇初审口报，倒批截解之弊，系伊通同库书胡登道、沈应远、黄汝明等，假印回文，如扬州府宝应县典史帅国钦、江都县县丞童思充两项科匠银两，皆经伊手作弊。

又据祈成报称，江西解官潘云凤、谢天宠，山西解官王观太等，各有情弊，臣随行文巡视科院及监督主事知会。据科院回称：纳完年月销号，实收一一有据。若实收外另有别项银两，如檇等供吐伪印侵匿，此必解官与该书胡登道等通同作弊，批不挂销，故册籍皆所不载，而查核之无从也。应行各地方吊取起解的数，似难遁情；并行原籍，严提库书胡登道等，尽法痛惩，以清宿蠹等因。监督主事回文，大约相同。臣复拘缪檇。研审间，坚执帅国钦系伊徒弟，径投伊家，伊引见胡登道，亲做节慎库假印回文。先供得银五两，后供得银伍拾两，的的有据。又亲见营缮底簿，指出经手造册钱宗枢质对，复行吊取缮司底簿、缮簿，与库簿已不相对，缮司之旧簿与新簿又不相对，一簿之总数与撒数又不相对。百孔千头，臣亦安从而问之？复行约同监督至寓，面相商确，犹恐三司分收，未行细核。续据监督回称，"四司之收数与库收多不相对"。越数日又移文称，"司收与库收一一相对。而钱宗枢且执称，营缮之簿四十三年分内有四页，非其亲手笔迹"，则尺籍徒存已不可问矣。又何怪乎？起解之数，非其上纳之数；纸上之银，非其库内之银。而杂以铅铁，和以铜锡，将来兑发之银，又非今日上纳之银也哉？

臣巡城者也，据各犯口招钱粮重务，不得不往返质问其实，厂库自有专司，非愚臣所得与闻。如科院内外循环之法，十年透查之法，信能设诚致行，自当风清弊绝。但胡登道等以一佣书之人，而起家十馀万，或八九万，又皆惧祸先逃，径回原籍。不一执讯获丑，尽法痛惩，宿弊何由得清，根株何由得拔？巡视殆有先得同心者矣。

该臣看得魏成铨奸以入神，巧乎有道，当事例进退之咽喉，为泉府出入之门户。刻印销印，走造化于毫端；人谋鬼谋，弄衣冠于掌上。木已尽而蠹不休，廪将倾而鼠不出。天毒已厚，人理难容。缪柜御魅游魂，出柙亡命，作奸渐老渐熟，舞文愈出愈奇。教化大行，门徒斯盛，总半生之现业，计一死以何冤？至若金鼎臣者，一代穷凶，两世济恶，名为狙吏，实则猴冠。既已贵人，亦复自贵。可以仕则仕，可以速则速；覆雨翻云，人有都天官之号；爱之欲其生，恶之欲其死，改头换面，人有活阎王之称。兼以二犯，表里为奸；加之群凶，首尾相应。所谓国人皆曰可杀，岂容有力负之而趋，所当立限、严缉、正罪者也。

节慎库漏网书办胡登道、黄汝明、沈应远等，何所闻而来，何所见而去。虽然兴尽而返，难云往事不追。溪壑既盈，恶害已而先去其籍；富贵已极，欲灭影而早遁其形。金穴难填，水衡何罪？据称上手下手，非经一手；其实前身后身，总是一身。若非行提在官，何以直穷到底？所当行彼处抚按，严提解京究问者也。

臣复自推，此弊沿习已数十年，此辈盘踞已数十人，经手各衙门亦数十员。习久则难破，人多则府怨，经手多则招嫌，而臣以为不必避也。此辈神通广大，非经告发，虽圣智莫测其奸。若既已发之，又复纵之，是作奸自臣等始也。除一面参送刑部，一面将伪文移送吏部，听其细查。已选未选作何处分，已发觉未发觉作何清核，并前李友芝、郭希孟应否知情，并应移文抚按，究问明白。该部贤者为国剔蠹，自有同心，更乞敕下各部诸臣尽法搜剔，务令扫其窟穴。但得仕路少清，国储少济，臣即任嫌怨，敢有恤焉？要以小惩大诫，自今以后，各保身家，各全性命，岂谓非小人之福哉？

礼臣不能守礼疏

题为"礼臣不能守礼。恳乞圣明，敕令速行改正，以重大礼、以光主德、以尊主权"事。

臣闻见礼知政，差等百王。故夹谷礼成，齐人不敢加劫；披发野祭，辛有策其先亡。即在兵戎之时，未有不重祀事之典者。

本朝礼制，度越前代。即皇后丧礼不数见，惟高庙、成庙有之，实录亦不概载；近而最著者，莫如世庙。臣按，《大明会典》内孝烈皇后丧礼内一款，一各王府、南京、浙江等十三省布政司及直隶府分礼部请敕，差官讣告。臣又按，圣明诏令内载，孝洁孝烈皇后敕二道，其一敕曰："皇帝敕谕礼部，朕中宫皇后于嘉靖七年十月初二日崩逝，遵奉祖宗旧制，一切丧祭礼仪，尔部里开具明白，在京文武衙门各遵行外，便行与各王府及在外文武衙门，以闻丧之日为始，哭临三日，成服二十七日而除，俱免进香。故谕，钦此。时嘉靖七年十月初四日也。"又一敕曰："皇帝敕谕礼部，朕中宫皇后，于嘉靖二十六年十一月十八日崩逝，朕遵奉祖宗旧制，一切丧礼礼仪，你部里开具明白，在京文武衙门各遵行外，朕忆皇后言'我去常典，皇上圣躬为重，请勿以我为念'，兹朕思后语，王府外司进香道途扰民，着便行与各王府及在外文武衙门，以闻丧日为始，哭临三日，成服二十七日而除，俱免进香，以慰后意。故谕，钦此。时嘉靖二十六年十一月二十日也。"

夫会典之载请敕如此，诏令之载敕书如彼，且其请敕、得敕即在两日之内。煌煌圣书，炳如星日，非但臣子不敢干，即圣子神孙谁敢以意增减者？是以大行皇后崩逝，皇上首谕礼部，概从优厚，以至谥议则令传宣，玄宫则令预启，皆仿高皇帝、文皇帝、肃皇帝时旧章行之。是皇上之守典礼与守祖宗之家法，尺寸未敢有逾也。

近日讣告一事，阁臣未见撰敕，礼臣未见请敕。逡巡半月以后，方始差官，又颠倒会典。礼部请敕之原文，为请敕本部之字样，有心无心，皆不可知，该部才一具催，阁臣不闻一揭，倏而题知，径赍批文前往，讣告又遗下真保二府及山西等处，令科臣惠世扬另行候旨。迷谬错乱，大骇听闻。诸臣中有已行者，有爱皇上之礼而不肯行者。

臣若不早言，则迷谬转深，错乱转甚。请先言其不可，而后及救正之者。天使传宣，百官开读，龙亭之郊迎，道旁之俯伏。以礼部之批文，作朝廷之敕旨，不可一。寻常差遣，皆奉简书。皇皇母后反不得等于王府之丧礼、大臣之祭葬，不可二。传之天下，书之后世，谓皇上虚有优厚之名，而反靳此常行之礼，失大信而损令名，不可三。有敕为遣，无敕为委，以明廷之侍从，为宗伯之委官，不可四。有差有不差，有行有不行，以一统之车书，成割裂之景象，不可五。陆续屡有明旨，圣明原无成心，桐封业已两行，刑工亦蒙间俞。将无据之揣摩，仰中官之鼻息，不可六。礼者，上与下所共守也。下以礼事其上，上始以礼待其下；权宜一开，在下为题知，在上为墨敕，大臣防微当严其渐，不可七。有此七不可，礼臣何以自解焉？

及今救正，犹可为不远之复。救之如何？惟理会"请敕"二字而已矣。撰敕阁臣之事，请敕礼臣之事，阁臣仿祖宗朝故典，即日具敕以闻，诣宫门，请皇上一是字得敕之。后礼臣一面誊黄，随给未行各官前去，一面差人，令已行者途次暂需。庶几失礼之中犹有存羊之意，而光主德、尊主权，胥此矣。若礼臣孙如游或偶尔纰漏，或别有意旨，或赐明谕切责，或令捡举，姑容臣等谅其生平，不忍为鹰鹯之逐，礼臣揆之清夜，亦何辞于相鼠之讥？臣不胜激切待命之至。

登极必用诏书疏

　　题为"窃惟登极必用诏书，诏书必用明年年号"。

　　今相距止一日矣，扳髯之号，一年再见，古事不载。本朝惟洪熙一年，亦非本年之事。

　　查得唐德宗改元凡三：建中四年、兴元一年、贞元二十一年，共二十六年。德宗于贞元二十一年正月崩，顺宗即位，是年改元；永贞八月疾，让位太子。明年为宪宗元和元年，然则史称德宗二十六年。盖合永贞之一年而算，而永贞系以一年，亦即借用贞元之二十一年而称。若舍贞元之二十一年，安得有永贞之元年乎？父子共为一年，此其最较著者。

　　今日之议，万历自应系以四十八年，泰昌自应系以元年。但史书自八月以前仍书万历，自八月初一日起至本年十二月终止，则书泰昌，并存不悖。古今通行，其明年仍用今上新号，于理允协。若汉殇冲质，既不足数，而宋之太宗不逾年改元，史书薄之，事亦不相类。惟唐之德、宪为中兴令主，而当时大臣杜黄裳、李绛、裴垍、韩愈等，皆博极群典，有所考据，非苟而已者。故敢采之，以备裁择。

年号议疏

题为"年号"一事。

臣于初五日已具小揭，旋奉旨会议，宜再有言以申前说。年号何为而议也？曰：为泰昌也。泰昌之年号何为而议也？曰：为泰昌之崩而存之，非为泰昌之生而改之也。何为其存与改也？曰：生而急欲尊大之之为改，崩而不忍斩削之之为存也。故今日之议，两言决之，曰：天启之议泰昌，非泰昌之议万历也。泰昌之议万历则不宜改，而天启之议泰昌则当存也。若使泰昌晏驾，稍待半年，或稍待二三月，又或泰昌之诏未宣，而泰昌之历已颁，则可以无今日之议。惟诏已颁矣，历未改矣，天启之明年已定矣。

泰昌二字茫无安顿，于是追思先帝之懿美者，不得不曲全先帝之年号。而纷纷之议直欲削之，臣愚不知其解。夫天下之事，情与理二者而已矣。泰昌虽一日，亦君也。今一月中，而万历四十八年之美厚其终，天启亿万年之祥开其始，将不称宗乎、不附庙乎？称宗附庙，有庙号而无年号乎？将孙称祖号、弟袭兄年，如建文景泰以叔侄兄弟之事，行于父子之间乎？以世以统，无一可者，臣窃以为非理也。泰昌之于万历，犹天启之于泰昌也。泰昌不忍其亲则存之，天启独忍于其亲则削之？是陷皇上于不孝也。即不忍于祖，而忍于其父，犹之不孝也。急于全泰昌之孝，而不思所以全皇上之孝，是议者之过也。何也？泰昌之改元以明年者，亦曰亿万斯年行有待耳！今已矣，复何待哉？

生为一世之君，没不得享一日之号。仰又不能得之于父，俯又不能得之于子，则泰昌在天之灵必不安；夺子之不足，以增己之有馀，则万历在天之灵亦必不安。皇祖、皇考之灵不安，而谓皇上之心能安乎？臣窃以为非情矣。

查得《纲目》，唐睿宗太极元年下，分注玄宗皇帝先天元年；唐德宗贞元二十一年下，分注顺宗皇帝永贞元年。至晋武帝崩于四月，不书太熙，直大书孝惠皇帝永熙元年。而《资治通鉴》于玄宗直书先天元年，注“是年八月改元先天”；于顺宗直书永贞元年，注“是年八月改元永贞”。晋永熙之书，亦如《纲目》然。由此观之，晋唐三君皆当年改元：一四月、两八月，不必正月而后改元，明矣。唐之玄宗则以太上见在而改元者，在者如此，况崩者乎？子之改其父者尚如此，况子之存其父者乎？

夫千古礼法、史法之宗，无如朱紫阳、司马温公二人。今之高议云台者，度不能加两公上。如温公议，则独存泰昌；如紫阳议，则存万历而并存泰昌。《纲目》《通鉴》两书具在，一览可得，勿容聚讼为矣。嗟乎！自古逾年不改元之非，犹甚于不逾年改元之非。今已成先帝不忍改元之是，而又不贻皇上逾年不改之非。是在三事诸臣主持之。

恳乞圣明慎守典礼疏

启为"恳乞圣明慎守典礼，清宫禁以安宗社"事。

窃惟内廷之有乾清宫，犹外廷之有皇极殿也。祖宗以来，皇上御天居之，惟皇后配天得共居之。其余妃嫔虽以次进御，遇有大故，即当移置别殿，非但避嫌，亦以尊制，历代相传，未之有改。今大行皇帝宾天，选侍李氏既非殿下嫡母，又非殿下生母，俨然居正宫，而殿下乃居慈庆，不得守几筵、行大礼，典制乖舛，名分倒置。臣窃惑之。且闻李氏侍先皇无脱簪鸡鸣之德，待殿下又无抚摩育养之恩，此其人岂可托以圣躬者？且殿下春秋十六龄长矣，内辅以忠实老成，外辅以公孤卿贰，何虑乏人，尚须乳哺而襁负之哉？又况睿知方开，正宜不见可欲，而何必托于妇人女子之手为乎？

故在先皇祖时，屡请名封而不许。即先皇贵妃之请，亦在弥留之际，其意可知且行。于先皇则伉俪之名犹可行，于殿下则尊卑之称亦断断有不便者。倘及今不早决断，将借抚养之名，行专制之实，武后之祸立见于今，臣诚有不忍言者矣。伏乞殿下收回遗命，令仍守选侍之职，或念先帝遗爱，姑与以名称，速令移置一号殿中。殿下仍回乾清宫中守丧，次而成大礼。庶几宫禁清而名位正，宗社之灵，实式凭之矣。

恳乞圣明仁义兼尽疏

题为"恳乞圣明仁义兼尽，情法两全"事。

先是本月初一日，诸臣闻变，仓卒趋朝，人情汹汹，朝不待夕。维时大臣从乾清宫中叩头执手，扶皇上出居慈庆宫，臣等相顾战栗。此时不守几筵，而避居别殿，踉跄张皇，宫中必有甚不相安之情，间不容发之势。惊问其故，喧传李选侍左右前后，尽是贿买腰玉，奸珰布满，阴为人腹心。皇上大有戒心，不克宁处。君父惊魂未定，臣子敢尔即安？

臣于初二日，随公疏后有《慎守典礼肃清宫禁》一疏，语甚微婉。此时但知定宗庙、安社稷为大，不知其他。

初三日，宫中震怒，祸几不测，赖皇上保全，将臣疏发阁票拟，随奉圣旨移宫。已有旨了："名封事，既云尊卑异称，礼部再酌议具奏，钦此。"

初五日，阁臣具揭再催，奉旨移宫。

至初六日，皇上登极，驾还乾清，宫禁肃然，内外宁谧。臣等举手加额，共幸庙社有灵矣！

　　皇上既当还宫，则选侍之当移宫，其理自明白易晓矣。惟是自移宫以□□后，自当存其大体，捐其小过。皇上如天之大度，宜无所不包涵；先帝在天之遗爱，宜无所不体恤。此其特恩在圣衷，调护在辅相，非小臣之所能意度。若株连蔓引，使宫阙不安，非但与国体不便，亦大非臣等建言初心。

　　昔鲁襄公不能制其母，宋儒朱熹以为母不可制，当制其侍御之人。后彭龟年经筵讲此段公案，相与叹服。因取朱熹入直，此等处置自有情法至当不易之则。闻锦衣勘问诸珰时，语连宫禁，概置不问，深为得体。伏乞皇上宣召阁部九卿科道面谕，以当日避宫何故，及今日调护何方，一一晓然明白，不得凭中使口传圣旨。仍乞将刘逊、姚进忠等正法，暴其盗宝罪状，与天下共见。勿使播弄脱罪，其余株连概从宽政。令反侧子自安。庶几烧梁狱之词者，政所以寝淮南之谋，而仁之至义之尽胥此矣。臣区区之心，始终知有定宗庙、安社稷而已矣。臣无任激切屏营之至。

申明臣疏以祈圣鉴疏

题为"申明臣疏以祈圣鉴"事。

臣因初二日奏请李选侍移宫，以清宫禁，以安宗社。既移宫以后，悬想圣度宽容，自然天覆地载，乃外庭揣摩测度，不无私忧过计。臣随有《仁义兼尽情法两全》一疏，求皇上少宽恩于宫闱之内，而但究治其盗宝之人。此区区犬马之一念也。

奉圣旨："这所奏如何不题李进忠等，只言刘逊，显有情弊，其余已有旨了。钦此。"

明旨森严，臣不胜惶惧。伏查原疏，委有仍乞将刘逊、姚进忠等正法，暴其盗宝罪状，与天下共见，不使播弄脱罪。就中多人，不及一一尽列。然曰等而李进忠已在其中矣。目下虽在逃未获，然缉拿有锦衣，问拟有刑部，旦夕就缚，典刑立正，岂能久逭天诛者？臣发奸之人，何敢别有情弊？敬沥愚悃，仰祈圣鉴，特赐宽原。臣无任竦息待命之至。

愤辱徒有空言疏

题为"愤辱徒有空言，雪耻未见实"事。

谨昧死上闻，敬请皇上，何故弃天下诸臣，何故弃皇上之天下事？日来，接经略熊廷弼疏，所传逆□榜文，摇乱我军心，鼓扇我将士，中复有徽钦等语，耻辱我皇上。伏睹明旨："□□□□招降，横肆诟侮，朕心深切愤憾。中外当事诸臣，当励同仇之义，协力齐心，亟图殄灭，以雪国耻。毋得仍前因循怠缓，自甘僇辱。钦此。"

仰见我皇上留心□□，即圣体未安，惓惓不忘兴言及此，真九庙之灵，宗社之福也。臣义愤所激，更有说焉。夫□□之辱甚矣！丧师数十万不辱，丧地数百里不辱，乃至今日而举朝始知辱哉？梦耶瘖耶，抑吃耶？然使实实知辱，实实图所以去辱，乃今犹不为晚。无奈其实不知辱何也？且皇上亦知徽钦之所以辱乎？自蔡京、王黼乘高为邪，朋比固位。童贯附之，表里为奸，排陷忠直，壅蔽主聪，浊乱海内。驯至犬羊入室，城下乞盟割地，行成恬不知耻。金师再入，举室北辕，往返青城，求免不得，掩面大哭，曰："宰相误我父子"。自离青城，顶青毡笠乘马，每过一城，辄掩面号泣。

　　读史至此，真千载有馀辱。不虞□□引此规则，以辱我皇上也。皇上真知此辱，则必如天之怒万物也有雷霆焉、有风雨焉。下误国之臣于理司，下哀痛之诏于四方，下犒赏之诏于辽东，下求言之诏极言阙失于中外。旬日之间，杳乎无闻。只一寻常铨印，于圣躬有何劳烦，于圣心有何筹度而坚执不发？若与臣下争气，然者从此不行一事，不用一人，不必人去陛下，而陛下已自为孤注矣。

　　从来殷忧启圣，多难兴邦，举动不宜若此。即患难君臣相倚为命，陷绝亦不宜至此。经臣以死守封疆，负病告急，泪尽血随师中，三锡其恩，礼之薄亦不应至此。臣窃以为皇上未知辱也。阁臣方从哲调鼎无效，覆悚堪羞，造膝无言，但效叩头之阁老；作事屡错，人称简举之相公。甚至以吏部之印，今日做人情，明日做体面，今日许具揭，明日许到宫，止效妇寺之忠，不思社稷之重。是阁臣未知辱也。

　　枢臣黄嘉善方寸已乱，伎俩久穷，听勘之贼臣，公然见朝而不问，公然上疏而不问；乱兵鼓噪于近郊、逃兵行劫于大路而不问。挞伐之言徒美，中枢之略无闻。若今经臣舆疾入关，请问何人出塞？再若中原乘间盗起，请问何法消弥？突如来如焚如弃。如是，枢臣未知辱也。

　　新推阁臣史继偕物议久腾，弹文踵及，枚卜一年不下。应圣意之久，疑铨印四票留中，想宸衷之积厌。人言屡嚣其身，己亦不爱其鼎。即使蒙面靦颜，岂复能张胆明目，欲盖前愆，惟全晚节。若误认九州四海之谕，但作一人一家之言，暗地书空，别藏机彀，设心如此，谋国可知。是见在之阁臣不知辱，而将来之为阁臣者仍不知辱也。由斯以谈，皇上不辱则诸臣之精神振作不来，诸臣不辱则满朝之精神亦提掇不起。悠悠忽忽，口里说过，耳里听过，眼里溜过。日复一日，月复一月，直到徽钦世界而后已。不知皇上误诸臣耶？诸臣误皇上耶？

臣谓皇上之救辽东也，当如圣躬之求药。汲汲召秦越人切脉审方，既护其元气，又壮其神气，而后辽东可保也。是寿国以寿身者也。诸臣之爱圣躬也，当使安辽以安天下，既无虞于肩臂，又无虞于腹心，而后圣心可悦，圣体可康也。是寿国以寿君者也。所谓秦越人者何？先问冢卿，次问平章，次问枢密，其余参苓以次佐使，只在旬日间。海内其有瘳乎？若徒曰"尚未安"、曰"俟少瘳"云尔。过此一番，大家了事。臣不知此数句票拟空言，便能寒□□之胆，而絷其足否耶？

夏之攻宋也，仅馀震武一城不下，曰勿破此城，留作南朝病块。皇上若再不肯下冢宰，不肯补三道，是真无意于辽东。何不及蚤弃去，而使□□留此病块为哉？

臣非不知圣躬在调，不忍渎言。二三老臣落落晨星，不欲尽言。正惟盗贼在门，主人有疾，婢仆忠于主人，敢匿不以闻？而舍此二三长年又无可责备者，故始终以耻辱二字共相劝勉，期于有真辱则必有真事，岂其忍求多焉？万一不幸为靖康之世，则大家不免为靖康之臣。毋论青史凛然，儋州之窜，雍丘之戮，政恐当身不免耳。与其死于误国，宁死于匪躬。若臣固言官，死言者也。

天意未尝亡辽疏

　　题为"天意未尝亡辽，人心不可弃天。恳乞圣明罪己，诸臣各自罪，以无获罪于天，以无获罪于祖宗"事。

　　臣观今之策辽者，皆曰：征兵兵逃，征粮粮尽，征马马死，征牛牛死，甚至百万硝黄，立刻而尽。一言以蔽之，曰：天意。噫！是皆不忠于皇上之大者也。臣尝反覆古今兴亡理乱之数，乱之终，治之始。天非惟无意，且有深意焉，但看人主承受何如耳？

　　《易》曰："蛊者事也。"坏极而有事也。盖不极坏，则人不肯事事，或反以有事者为多事。惟坏之极矣，则君臣上下同在覆巢焚栋之下，震风凌雨之中，于是醉梦不得不醒，嬉笑不得不涕，手口不得不作，肝肠不得不洗，蒙蔽不得不破，格套不得不除，时忌不得不宽，禁锢不得不开。庶几一番破坏，一番振顿。是以汉世再兴，不阶尺土；唐之灵武奉天，皆以丧败之余，成中兴之烈；宋之南渡屡挫屡奋，犹及百年，若非奸党相寻，未必即至航海。故曰：祸乱之作，天所以开圣贤也。

　　而今竟何如哉？今天下败坏，不为不极矣。酝酿怀胎，□有东方之事。三年以来，不为不久矣。而侧见庙堂之上，未见有为陛下分任一事。如长途之争，负者未见有共任一事；如推车之必行者，未见有已见之事。至此结局者，未见有将举之事；自此开头者，醉梦如昨，嬉笑如昨，手足肝肠如昨，蒙蔽格套如昨，猜疑禁锢如昨，或鼓或罢、或泣或歌，如饮狂泉，如遭昼魇。对面忧形于色，转眼即忘；开口情见乎词，到手即乱。□□之仇可忘，而必不可忘中国；异己之人罪弁罪帅可赦，而必不可赦空谷废弃之士。属国属夷可用，土司土兵可用，而必不可用考选台省之人。庸辅忍于误国而不思，顽枢敢于误国而不顾。眷留变为切责，切责宣谕，未必尽出圣意与否？如其信然，是皇上又忍于负国，而不忍于负误国之臣。

嗟乎！嗜进者夜行，惧罪者偷荫。诸臣为一身计犹可也，陛下任九庙之托，奈何置安危于度外哉？今日之事，先请自皇上始，而皇上亦无多事事也。但一御朝廷，见群臣，草一诏，遍告辽东将士，告天下百姓，告海内义士忠臣。即圣躬偶尔违和，亦当宣召二三大臣，努面仰天，抱头痛哭，商确大略。万一不然，群臣亦当排闼直入，顿首死罪求皇上一决。以皇上之神武，九庙之神灵，旬日之间，定当士气改观，人心固结。而后问国人，皆曰：贤者何人？急召之以塞天下人之望。问国人，皆曰：不可者何人，急去之以泄天下人之忿。一面召张鹤鸣佐枢密，而兼采先皇帝左右四司马之例，以备分遣。一面移祁光宗于山海，与文球相机调度，而又仿肃皇帝内外四经略之制，以御长驱。一面责李长庚专司新饷，又速推少司农一人专理屯田。一面下考选散馆诸臣，用资谋断，又速召当年直言敢谏之士及仗节守义之人。而最吃紧者，尤在用人之人。

周嘉谟夙负时望，海内想见太平，而干戈抢攘，铨印尘封。至若百司之纲纪与百官之领袖并重，一则有正而议署，一则有署而忘正，此可尽诿之天意哉？从来末季之虏俘，皆是兴王之命世，堂堂天朝岂患无才，但以天下心用天下人，以天下人排天下难，自有馀裕。而又于兵部，辽东另为夹袋，枢司必可为边道，边道必可为边抚，边抚必可为经略。用人者论而后官，毋官而后论。用于人者，量而后入，毋入而后量。即如张鹤鸣一人而左右置棋不定，薛国用一身如沟水东西不常，徐光启之肠徒热而人尚作冷眼之观，李植等之血徒洒而人尚为死灰之弃。须之彦之才堪八面，而佐练臣似不如以职方兼京卿之衔；李乃兰之精白一心而咨广宁，似不如以近地收廉能之效。其他愿者必往，往者必愿，总祈一官当一人之才，一才当一方之用。孰与夫倏起倏罢，旋去旋来，传舍于阙上，错趾于途间，而一无当于成败之数哉？

如臣之言，幸而辽阳能守，腹里无虞。二三年间，休养生聚，再图挞伐。社稷之灵也，臣之幸也。即不然，而犹有后着、有退步，诸臣犹可不得罪于皇上，犹可不得罪于祖宗。若夫赤白囊至，则踉跄趋朝；塘报稍停，又帖然无事，必至断送辽阳，断送金瓯，而大家诿曰：天意云尔。真所谓获罪于天，无所祷者矣。

臣草疏已毕，见经臣疏称，三帅分防，连络相持，勿与轻战。贼至辽阳，刘总兵督兵，射打于城上；本部院亲督川土兵，拒战于城下，臣甚壮之。御寇必于门庭，经臣深得方略。但贼声息重大，或全兵压云，而齐犯三营；或铁骑鸣镝，而直冲一处。能久持乎？能不与战乎？张疑抚顺能必应乎？回兵而应能无腹背受敌乎？功其必救能无诱而致乎？事势急辽而缓沈，兵法主合而忌分。机难遥度，算贵万全，亦臣区区谋国之血诚也。臣无任痛哭流涕之至。

天步方艰疏

题为"天步方艰，天心甚挚，恳乞圣明以忧危苦心，图中兴大业"事。

臣待罪学政，自三月初九日陛辞，于役畿南，随有辽阳之警，又随有嘉礼之庆，臣皆未与交戟之下。兹将按视京东，瞻望阙廷，能无一言？臣惟皇祖皇考不以太平贻陛下，而以□贻子孙；举朝臣子不能以太平事陛下，而以□贻君父。譬如人家茕茕在疚，官讼盗贼，一时并至，何以能堪？

臣每诵杜甫"独使至尊忧社稷"之句，不觉凄然抚膺，愧恨欲死。又庶民人家寻常婚礼，杯酒相劳皆有以自乐。我皇上嘉礼之成，适与东警相会。虽钟鼓之乐，允协寤寐之求，陛下处此，必愀然不自娱。然而不敢谓不幸也。凡此天之所以仁爱陛下也。何也？人情遇安常则佚，佚则怠心生；遇患难则思，思则惧心生。皇祖皇考之以□贻陛下者，正以中兴贻陛下也。而其忧喜适相值者，正天之惟恐以佚乐怠陛下，而以患难惧陛下也。不但惧陛下，且使母后惧，两宫皆惧，庶几鸡鸣脱簪之警，目进于前，内以赞清心寡欲之德，外以赞卧薪尝胆之思，而中兴大业实始基之。万一把柄不定，左右为逢，出而忧敌忾，入而乐钟鼓，毋论宗庙社稷之身，倍宜保重，而胸中一放宽，则操心必不危，虑患必不深，即天有以窥之矣。

臣闻天之仁爱人君也，当灾而惧，天之怜之也倍至；当灾而佚，天之怒之也亦倍至。今日者，正天怜陛下，而不忍怒之之时也。伏惟陛下，穆然深思，刻刻以□□在念，时时与大小臣工商确战守方略，及访问民间疾苦。速断在柙之困兽，勿以福堂为走险之墟；蚤除胎祸之奸珰，勿以祖陵为养虎之地。天鉴陛下，必怜陛下，怜则必扶植而安全陛下。天之所扶，谁能敌之？又何有于□□小丑也哉？

臣又闻，大喜大怒皆能干阴阳之事。当此祸至无日，患难相依，正君臣上下抱头痛哭之时，非复频加震霆之日。虽触事忧时，小臣不无过激；而殷忧多难，举动似不应太轻。更惟陛下涣然开霁，尽宥后先言事诸臣，时时御殿廷、课功实，而后议论，大臣亦相与先功实而后毁誉，则议论自省。功实者何？人臣勾当得东事者，便是第一个名臣；相臣干办得东事者，便是第一个名相。诚能恢复辽阳，躬致太平，上臣事业，人复何求？若犹未也，虽钳天下之口，其谁服之？

天子富于春秋，不宜使之厌薄臣下。平居且然，何况多事，愿阁臣慎思之也。臣尝观齐桓、晋文、越勾践皆一小国诸侯，其君臣含垢忍辱，忧愁幽思，卒能振起式微，主盟定霸。非但人事，天意亦然。况我皇上躬有尧舜之资，又有汉光武之略，岂遂无熊罴之士、不二心之臣为国家了此东事也者？臣实耻之。

目今枢贰盈朝，台星满座，宜大集于文华殿，躬禀成于皇上，各任一事。如云种不如蠢，蠢不如泄者，一一泣血受命。某卫社稷，某捍牧圉，不效则治某臣之罪。分为千臂，合为一身，如此一年，而东事不平，臣请受妄言之戮。若复闷闷授官，草草受事，苟且其政，亿万其心。怀智不以相教，怀能不以相御，而且掣之、且曳之。天下事，臣不忍言矣。

臣疏已毕，又见以旧论辽事降处魏应嘉等诸臣，风闻自误，心实无他。仰窥圣意，不过借此惩前警后，用以委任疆吏耳。窃念勘使初回，前此已蒙宽恩矣，后此若再执成心，故与国事为难诸臣，乃心匪躬之义，臣固知其断断不然也。且与其令诸臣警，不若令诸臣悔；与其令廷弼重，不若令廷弼安。昨廷弼陛见，一疏首为诸臣请，臣方服其豪杰作用，绝无粘滞，方新事业政未有量，而不意未见允。仍乞鉴廷弼赤意，收回成命，令诸臣照旧供职；或量加罚治，将诸臣争自愧悔，而图报益新，廷弼愈加感奋而肤功立奏。此亦不测之恩威，而解过之雷雨也。臣无任激切待命之至。

急救辽东饥寒疏

题为"急救辽东饥寒"事。

皇上御极，用人行政，懿美不可殚述，而首注意东征将士，慨发帑金一百万两。人但知皇上布德施仁如斯周且渥也，不知寒□□之胆而壮我师之气。目下之不敢跳梁，将刻期扑灭，先着全在于此，固知圣算神谟，非臣子所能仰赞万一。

臣闻大兵之后必有大荒，大荒之后必有大疫。近据经略揭报，参以往来传闻：辽阳赤地千里，刍粟一空，人马倒卧，道路枕籍。则今日辽东之患，又不在无银，而在无用银之处。何也？辽自用兵以来，米粟涌贵，加以荒旱之馀，石米四两，石粟三两，其一石尚不及山东之四斗。通计一百万之赏，分十五万之军，每石约为六两，于银不为不多，而此六两者，籴米才一石五斗耳。纵是富人，未免抱金饥死。且各丁月饷，河东一两五钱，尚有三斗本色可以救死；河西一两二钱，尽以市米仅得三升，而况无市处。日腾日贵，已不能支撑眼下，如何捱过冬春？不出数月，辽必无民，无民安能有兵？无民无兵，虽积金如山，安所用之？臣所谓非无银之患，而无用银之处也。

为今之计，急截漕二十万石，乘风帆之便，运至彼处。令河西与河东，一体分给本色各三斗，仍量扣其折色。俟来春耕作有获，再行区处。昨巡饷之臣已议及之。此今日救饥第一急着也。

顷岁征调各兵，皆以春夏起程。夏秋过都，衣裳典尽，赤体癯形，大类病鹤。匪惟无坚甲，乃更无寸缕，久成客兵，大率类是。凉秋九月，塞外草衰，转盼隆冬，饿死之馀，又将冻死。臣愿陛下恻然轸念，发帑银二十万敕下户部，令廉干司官作速置买花布，星夜解赴辽东。每军给布二匹、花二斤，一如岁底之给散京军者，其余赶骡赶车、剥皮剥骨之役，亦量加赈恤。庶挟纩之惠，适当投水之期；而裹革之忠，即在盖帷之内矣。此又救寒第一急着也。

臣闻□□残极骄极，近又饿极，势不得不决一战。我以饱乃可以待饥，我以暖乃可以待寒，我以饱暖之仁乃可以待骄且残，此淮阴所谓反其道而用之者也。闻经略策奇制胜，蓄锐养威，行有待矣。而客兵久成思乡，亦以速一战为乐。臣未知堪战与否？但既温且饱矣，而贼来不能一战，挫锋以报朝廷。雨露至而霜雪随之，陛下之天威又谁能贷者？伏乞皇上敕下户部，令截漕二十万石，多储粮糗，接济啼饥。再发帑金二十万两，置买花布，用救号寒。鼓人心而壮敌忾，在此举矣。

臣非不知皇上已发百万，复为此无厌之求。此等衣被之仁，非出自特恩，无繇令将士感泣。故敢冒昧以请，政以终一百万之鸿恩耳。若夫长久之策，必在通商惠买以利民生，省徭开屯以乐民业。河东专主兵，河西专主屯，庶几有救。新抚臣袁应泰自能办此，总在明旨一申饬而已。臣无任激切屏营之至。

辽士万苦千辛疏

题为"辽士万苦千辛，辽学朝三暮四，谨酌异同之论，为画一之图，以养士气，以广皇恩"事。

臣惟三韩版荡，万姓流离，涂膏之馀，继以锁尾。即青青子衿，如鸟破巢，如狗丧家，犹展转于祖宗三百年来尊贤养士之恩，忍死以归皇上。皇上既命寺院赈济之、安插之，又命臣等作养之，此政天意之不忘辽。而皇上之所以不忘辽士也，臣督理畿内学政者也。

今春三月，事将竣，接都察院准礼部咨文，属臣考试辽东生员。臣虽病惫馀生，敢辞劳苦？因调取三辅附近居住各州县辽生，量给路费，前赴通州。除在山东者不准收考，又查出伪生一百八十名不考外，据安插册籍，互相保结，识认者共四百二十名。严加考试，取一等卷四十名，二等卷七十九名，三四等有差。念其转徙无依，仰体皇恩浩荡，姑免五六等以示优恤。新进儒童九名，案既定，宜讲所以安置之者。

窃惟今之安置辽士者，议亦多端矣。或以随处寄学为便，礼部仪司关会手本是也；或以另建一学为便，寺臣董应举屡次条上方略是也；或以附寄天津屯学为便，因以屯童纳谷为饩，礼垣郭兴言条奏学政是也。臣请得折衷之。

夫随便寄学，是安插之别名也。安插利于分，各自为居，如行者之有家；考试利于合，总归一处，如邦畿之有止。假令一人而考，不成甲乙矣；三五人而考，不成黜陟矣。将廪增于何分，科举于何定，出贡于何序，势必合为一处。而后等第有高下，先后有次序，此断断不易之理也。寺院议捐帑金千两，建学有其资矣。择河西水阁，又择杨村河东之间风气稍旺者，为辽生肄业有其地矣。此自寺院虑始，苦心经久长策，而必待部院题覆。明旨允行，恐尚在岁月之后，辽生归依无所，顾瞻不定，不能为旦暮之待，而臣亦谢事不能待矣。无已，则请据寺院、礼垣二说之中而变通之，可乎？屯学拟附天津，即卫学也。天津军民杂遝，附以屯生，又益以辽生四百，未必欣然乐从。臣反覆思维，寺院驻劄武清，则武清固辽士之丘隅也。所委署学印之刘永茂，见随驻武清，莫若将辽士寄名色于武清，即以永茂领诸生案册，无事则随便而居，临试则传檄而至。如今日之为府学者，考毕则散归各县，临考则归并本庠是也。迨建有新学，另为区处，其教官职业，惟以帮补起复、申请文移而止。不得营情羔雉、门兜追呼，令诸生不安其性命之情。臣谨斟酌，于十五学之内，四百二十人之中，可当一中府。定以一等四十名为廪，二等前四十名为增补廪，出贡一如府学例。科举百二十人，编号仍用辽字制额，除山东一名外，约用三人。待多士云兴，仍补四名之额，其余一切旧廪旧增、虚伪种种名色，概不准理。一以新案为主，而或以年深旧廪将贡为辞者，毋论未必尽真，即间有真矣，而间关千里，出死入生，得脱腥膻轹鞣之馀，不失衣冠文物之旧，已为厚幸。必欲人人廪、人人贡，又尽十五学之人，而皆如其廪与贡，即以三辅为学宫，江海为泮池，不能尽厌其欲。况乎仓卒奔命，廪则来而附不来，年深近贡之廪来，而年新贡远之廪不来，又岂情理之可尽信者乎？

安不可狃，恩不可滥，臣为辽生筹之审矣。至每学酌贡二人，听新院与寺臣酌议，臣不敢与闻。目前所急议者，有一等则有廪。臣前疏所称，天津道申请屯童，馀谷尚存七百馀石。合照礼科原题事例，将一等四十名，每名暂支稻谷十石，作天启三年廪数。其屯生尚未送学，众人勤苦而耕之，辽生安坐而食之，亦未必心输。其四年以后，应如寺院议，以生员魏廷芬所捐之地，入谷饩之，永为例。庶乌枝栖稳，绕树之身可安；鼠壤粮馀，饮河之腹亦满。腹满而后恢复之气壮，身安而后忠义之志坚。臣所为酌议于三者之中，而为辽生策者如此，更愿自今以后，皇上毋忘辽士有今日，辽士毋忘昔日有辽东。地方体皇上之心，勿日以辽生为仇；疆臣体皇上念辽士之心，须日以恢复为事。忠臣洒新亭之泪，义士动故国之悲，而后辽可图也。至于刘永茂旧以临城知县被论回籍，寺院念其九死孤忠，患难相收，委署辽学，取其与诸生休戚相关，真伪熟习。惟是以不明不白之官，行不真不假之事，终觉不便。莫若听吏部议妥，除授礼部，另给关防，庶政体官常俱妥，而本官亦得安心营职，其俸薪舆马，亦听寺院计处。惟复别有定夺，统惟敕下部院施行。

奉圣旨："这辽生附武清学并照新案，廪贡俱依议行，馀着该部议覆。"

专设援辽事例疏

题为"专设援辽事例，以济急需"事。

窃惟卖官鬻爵一途，原衰世苟且之政。即使鬻一官得一官之用，而薄输于公府，厚偿于民间。朝与吏市，吏又与民市，识者耻之。其至于今，则公然入市攫官，全不用金钱矣！议者以为不如己之便，而兵兴多事不可已也，间之则终不可间也。括商算缗，一切乱政，又零细琐屑而无济也。

臣尝与科臣官应宸、台臣房壮丽言，莫如专立授辽事例，便二臣先后各有条陈。上闻矣，臣请再申言之。臣闻太仓，目前外解不满四万，言之寒心，而两年事例亦不满二万。大司徒非不辟门以招也，巡视监督非不蒿目以求也，而人莫有应者，何也？真者反穷，而伪者易售也。

彼见夫上纳之后，需次冠带；冠带之后，需次上卯；上卯之后，需次就选；而前后颠倒，负之而趋，有莫知其然而然者。偃蹇岁月，壮心已灰，往返道途，资斧行竭。老死京华，一官未得，甚而忧心自悔，真不可为者矣。穷于真不得不出于伪，于是孔方之兄尽作黎丘之子，杂而多端，莫可穷诘。赏奸教贰，由来已渐，夫复何言？

为今之计，诚设援辽事例，名色听其随纳随选。自中书光禄序班，递至府州县首领佐贰，每官应银若干，量减若干，当堂验兑。巡视监督，各收一簿，公同亲注一簿，移送选司。本月纳银，次月随即上选。送簿之名，先行发抄。选后名簿不对，巡视得执而问之。此极简易极直截，而人又欢欣鼓舞，赴如流水，莫有便于此者，何也？

朝入赀而夕为郎，人无守候之苦，家有转赀之门，便一。阿堵在仓，除目在堂，吏无所舞文，官无所摘发，便二。青云有路，暮夜无权，不必乞灵于当途，何须奥援于中贵，便三。其有中书序班，欲加寺副等项，亦如前例，随加随覆，不必乞粮于鼠壤，何劳市重于皇华，便四。市门既冷，顶首自除，往日麾之而不去，此后招之而不来，便五。而又开出首之途，凡作伪未选者，准其自首，于本等应纳外，量加罚治，还以本官亦一道也。已选者及选而劣转者，通行清查，五年以内，于本等应纳追补外，仍分别究治，又一道也。其余一切省直移咨移文，种种名色尽附之一炬可耳。或曰：出缺之难也，新旧之滞也，吏员实历之无安顿也，户工二部之有牵制也。臣窃以为不然。总计天下杂员，伪者什九，如铨疏所云，一人之身前真后假、后真前假，设法清汰，而缺不胜用，即不出数月内，而人不厌迟矣。通查太仓实收，捱序移咨，一新一旧间，用而不虞积滞矣。真正考中历事，不过数十馀人，分大选急选二款，以清混冒而实历不废矣。时势急迫，宜先户部往见水衡事例，尽系铜铁，不如归并一处。分银不分例，尤得实用，是在两部通融而不虞牵制矣。此数策者，洵然行之，岁可得军储百万，少亦不下七八十万。臣窃以为可行也，此非臣之臆说也。

臣去冬发伪官五十馀人，其伪文付部者，部臣苦心搜剔，复获六千馀人。南京吏部一日而咨七百九十九人，其人又皆光禄序班等官。官职愈崇，钱粮愈大，该部必当移咨，守催此九百馀人者，追之可得军储四五十万。业已下部，自有归着，臣于是不觉抚膺而痛心焉。

御史之职，申冤理枉，市民攫一物，人皆冤之，官司得而问之。朝廷明开官爵之市，而不得一官一爵之钱，冤枉莫大焉！而莫肯为皇上申理者，罪在臣等。故窒流塞源，窃为非专设事例不可。臣又惟户部之有督饷，犹兵部之有经略也。若使饷臣不得问饷，犹经臣不得问兵，亦何取于专设为哉？窃意尚书李汝华当专理九边旧饷，而辽东新饷一以委之李长庚，仍遴择廉能部臣如耿如杞其人者佐之。而又重其事权，外解不济，听其会同户科参劾。如附近边兵应听经略节制，后期不至，及挑选不精，听其会同兵科参劾。如是而一人之身，饥饱自相知、头足自相顾，省文移而破牵制，莫善于此。且也有分劳无分权，有分谤无分功，度亦部臣之所乐从者。此之不行，而枢臣与经臣争兵，计臣与饷臣争饷，万万无不败者矣。皇上倘不以臣言为谬，敕下户部，酌量具覆，或该部据揭题覆，危疆急着，未必不小裨焉。

足饷无过屯田疏

　　题为"足饷无过屯田，屯田无过水利。恳乞圣明申饬当事，着实举行，以济急需，以图永赖"事。

　　臣幼闻父老言：东南有可耕之人而无其田，西北有可耕之田而无其人。既候命阙下，间取农书水利及古人已试陈迹，略一讲求，颇得大意。适承乏屯牧，耕当问农，此其职已。

　　方今东事正兴，筹边无策，十八万枵腹之兵，待八百万画饼之饷，催外解之檄如火而不可得来，求内解之涕如雨而不能得去。搜而又搜，搜到何时？派而又派，派到何日？止有漕运一脉，而民力已竭；加以旱干水溢，接济不前。河竭海漂，种种难测。其他意外之事，中梗之患，且未忍言。若不汲汲讲三年九年之储，而局局为不终朝不终夕之计，臣愚不知其可，蚤夜以思，只有屯田可以救急。而今之屯田者，不过按籍征粮，期于及额而已。间有隐占，多不可问，然亦不必问也，惟是西北不患无地而患不能垦。以臣所闻，京以东，畿以南，山以东，两河南以北，荒原一望率数十里，高者为茂草，洼者为沮洳，岂尽其地哉？不垦耳！其不垦者，苦旱兼苦涝也。其苦旱与涝者，惟知听命于天，而不知有水利也。一年而地荒，二年而民徙，三年而地与民尽矣。

今有道于此，使上之不为魃，而下之不为鱼，相反而相为用，去全害而得全利，何惮而久不为？此谨循陈上屯田水利"三因十四议"，惟皇上采择焉。

其一曰：因天之时。五行之用，谁能去水？三江震泽，《禹贡》所称。厥土涂泥，厥田下下。昔之污莱，今之沃壤，何常之有？近见莞蒲、鱼鳖、蜃蛤之属，到处有之。自南而北，风气固然。而谓水偏利在南，偏害在北。火耕水耨，缺五行之二，名曰诬天。

其一曰：因地之利。引漳溉邺，渠郑富秦，龙首白渠，汉世尤盛。民之歌曰："泾水一石，其泥数斗。且溉且粪，长我禾黍。"河源如昨，地脉未改，而谓水偏利在古，偏害在今，使瓠子之叹长兴，宣房之绩不显，名曰诬地。

其一曰：因人之情。南人惜水如惜血，北人畏水如探汤，习固使然，亦未见其利耳。翟方进坏陂而黄鹄之怨兴，召杜开陂而父母之歌作。有之以为利，死且不避。近日京东一带多所开浚，浸浸已见其利，所在州县亦知有争水者矣。臣私喜之。而谓水不宜北，北不惯水，拂耕凿之情，而失因民之利，名曰诬人。

禹功明德，惟是平水土、浚沟洫而已，未有不治河而治田者。支流既分而全流自杀，下流既泄而上流自安，无昏垫之害而有灌溉之利，此浚川之当议也。

沿河地方，唯运河不敢开泄外，其余源流潴委是不一水，陂塘堤堰是不一用。或故迹之可寻，或方便之可设。工力多者官为量给，费少者听民自举。惟无水之处，不必凿空寻访，以蹈即鹿无虞之戒。则疏渠之当议也。

秦汉之世，凿地为港，掘地为井，汲而得灌，以亩一钟。即东南地高水下，车而溉之上，农不能十亩。北方水与地平，数十顷直移时耳。事半功倍，难易悬殊。则引流之当议也。

河流渐下，地形转高，远引不能，平引不可，将若之何？其法阑河设坝以壅之，大约如囊沙之意。或壅二三尺，或壅四五尺，然后平而引之，水与坝平，流从上度，递流而下，节节壅之，亦复如是。盖不能俯地以就水，而惟升水以就地。支河浅流最宜用此，邮如滏阳一河，发源以至出口，约七八百里，得其利者仅一二县，馀皆以低下弃去，不晓此法故也。则设坝之当议也。

蓄池不时，泛溢为害，加以秋水时至，百川灌河，坏民禾稼，荡民庐舍，往往有之。惟于入水之处设斗门，以时启闭，旱则开之，涝则塞之，出水之处反是。此建闸之当议也。

沿山带溪，最易导引。山水暴涨，沙石压冲，再行挑洗，劳费不偿。其法顺水设陂以障之，用河支不用河身，支以上溉身，听其下行。此设陂之当议也。

而必概种粳稻，恐不骤习，得利转微，随其高下，听其物宜。宜粱、宜菽、宜蓣、宜芋、宜蔬，惟意所适。总之水源一开，溉旱地之利胜水田之利一倍，每亩之值亦增价三倍。渐渐由而不知，通而不倦，而焦原尽泽国矣。则相地之当议也。

春夏浇溉，常苦水少；秋冬无所用之，常苦水多。储有馀以待不足，法用池塘滨淀以积之，既可储水待旱，兼可种鱼蒻莲。每见南方百亩之家，率以五亩为塘，水不胜用，利亦如其亩之所入，何不仿而行之？或五家一塘，或十馀家一塘，居然同井遗意，而筑塘尤易于浚井。但期筑作如法，可以注水不漏，惟原洼下之处不必另设。则池塘之当议也。

以一教十，以十教百，必用南人。而南人宁为农夫，不欲为农师。北地徭轻，江南役重，以走利如鹜之情，乘避徭如虎之势。吾土虽美，乐郊可适。但著为律令，永为世业，不得一二年后，即行告夺，将负耒而来，争先恐后，"举锸为云，决渠为雨"，此之谓也。则招来之当议也。

四民之业，迭相为用。南方士子不得志有司，则弃为胥史，舞文犯科，往往此辈。若仿汉世力田之科，令垦田若干亩许，令占籍而又不碍地方本额，且令官司与之讲明水学，如胡瑗之教授门人，不犹愈于白锢而鬻青衿者乎？盖先师与后稷并位，胜与猗顿争坐也。则力田之科当议也。

虞文靖公建议于宋泰定之时，听富民欲得官者，能以万夫耕则为万夫长，千夫百夫亦如之。今其意可师也。若令各屯卫所军官及经历，俱以垦田多寡加级。虽格外之劳来，实本等之职业，于计甚便。今议者动抑豪强，防其兼并，不知富者乐耕，则贫者转贷。但得地无旷土，土无遗税，何妨勋戚贵近、大贾富商骈集而来？徙豪实塞，实用此意。则募富开爵之当议也。

宋巡行使者分道四出，民苦不便，苏轼力非之。而治杭之日修治西河，欲天下尽兴水学，毋亦行之。介甫则不善行之，文忠则善耳。今水利之衔犹设，而劝农之义无闻。至于有司多所不解，但得抚道而下，个个得人，又皆讲求之熟路，已试之成事，如怀隆、靖房、河内、磁州、海岛先后诸贤，分满布列，彼此呼应。官无添设之烦，民无追呼之扰，稽人成功，田畯至喜。则择人之当议也。

天津一处，旧抚汪应蛟垦水田八千亩，设兵二千，用充额饷。今援辽千名，即八千亩多芜，且有申言种谷不如取苇者。废兴由人，良可浩叹！诚得练习，明作一将官，领兵数千屯之，而天津一带不足垦也。永平负山濒海，择官而垦，亦如之。附近关外得谷一石，足抵漕之五石。且屯且练，用备不虞。则择将之当议也。

或者曰，游惰之军不任耰锄。是不然。近见出关觳觫之状，视关内如春台寿域。若楝其老弱，使尽力南亩，死且不憾。而又计田行赏，比于得级。如宋给事廖刚之策，其言曰："执末之劳，较之操戈之危，岂不特易？夫驱之战与驱之耕，臣固知其必悦也。"则兵屯之当议也。

臣所言者，止于臣属耳。由畿辅而九边，由关内而关外，岂乏充国其人，又岂乏武侯、子仪其人？而坐令金城、祁山、河中之绩，为千古绝盛哉！此数议者，不烦公帑，不劳民力，而又皆田里树畜，老农常谈，无甚高论。举朝皆言其可行而不肯行，当事亦见为当行而不肯力行。国家无事，既以因循而不行，有事又以张皇而不及行。农既疲于养兵而不耕，兵又耻于为农而不耕。谓见效迟在三年之后，而三年后复然；谓大利迟在十年之后，而十年后复然。譬之富人衣珠而饿死，岂不惜哉？

宋永年东南有梗，始思虞文靖之言，仿其意设海口万户，业已无及。胜国末季，乞张士诚贷米数百斛，反覆告急，仅乃得之，而终无救于亡矣。可不寒心！先臣徐贞明曾以尚宝专理此役，而事出创议，难与虑始。且欲以一身兼禹、稷之任，大开河工，复井田之遗，省东南之运，语近迂阔。会忌者而止，乃其意不可磨也。今《潞水客谈》及《治田存稿》具在，任事之难，令人追憾无已。

今时势迫矣，过此不行，更无行时。伏乞明天子照临于上，贤公卿、百执事主持于下，各举所知，知人善任。更祈敕下户部酌议委妥，转行所司着实举行。勿狃故事，勿急速效，勿惮事始，勿挠事终。载入考成，一切有司首课农政，田野不治，即异能高等亦注考下下，其有不习者孳孳讲求，务期晓畅，躬自劝相。单骑巡行阡陌，问民疾苦，不得劳民烦费，无益民功，小有嫌怨。臣等力为张主，迨试有成效，破格超迁，永著为令。庶几小垦小利，大垦大利，小利在地门辟而民聚，民聚则垦者愈多；大利在粟贱而民饶，民饶则垦者愈易。生聚渐烦，和籴转便，即不必省东南之漕，而亦不专靠东南之运矣。信能行之三年十年，而不少见富足之效，臣请受妄言之戮。臣无任激切待命之至。

奸珰蔑旨妄动疏

题为"奸珰蔑旨妄动，重扰百姓，大累皇仁，恳乞严谕禁戢，并速赐蠲豁，以苏孑遗"事。

臣阅邸报，见御马监管理右监丞程登一，本为严催牧地租银等事，内称武清等州县拖欠牧地租银。上年按屯，两院具疏题请蠲免。未奉明旨，欲要差舍人魏高前去苏州玉田三河、许成前去武清东安、勾阳前去昌平宝坻守催等情。臣查牧地草场，额解户部充饷外，其馀责令有司，秋成另项征收解赴。该监屡经题请，载在卷案："万历三十二年，奸民李英、何大贵捏奏遗租。比奉皇上敕谕：'御马监右监丞王升会同该抚按屯田御史，秉公会查，奏内事情果否虚实？若原系牧马草场，新近开垦，未经报官起科，地亩查勘明实，定立疆界。照则征粮，以济国用，务使官民两便。若有别情，明白开写会本，奏请定夺。钦此。'"

曰"果否虚实"，曰"未经起科"，曰"官民两便"，曰"秉公会查会奏"，煌煌圣语，情见乎辞！乃该监王升不待会同勘明，不论有无遗地，不论已起科未起科，硬将玉田等处一概摊派银一万六千馀两。一地两税，至今尚属朦胧。先后按屯诸臣，或请蠲豁，或请停征，无非仰体圣明已溺已饥之心，为陛下救此一方民，保此一块土耳！

该监若有人心，直当请蠲请停，内外一体，为皇上布德施恩，惠此三辅，以绥四方。而今日奏乡官霸占，明日奏有司抗违，流离满目，略不动心，甚至无疾呻吟，勿作题知之说，径行征取，岂惟无人心，并无朝廷矣？夫救焚拯溺，为民请命，臣等之职。即再朦胧取旨，臣等窃谓明主可与忠言，犹当期期不奉，而况此悖旨、无旨之事，臣能纵而不问哉？

自有东事来，此畿辅一方命，一块土，派而又派，加而又加，剥皮剥骨。何负于国？而些须重叠小税，请蠲请停，不得且加扰焉。将无谓皇上实弃我，使朝廷薄情于根本，而百姓敛怨于一人。主德皇仁，莫此为甚。万一饥民饥军，相逼而为盗贼，魏高等不足惜，该监之悔，岂有及耶？臣按万历会计，录该监马房牧地，原备公廨修理，及兵部勇士四卫旧隶。该监久已停止，安得有成造车铳名色？即成造自有工部、有十库，何预该监事？而指称辽警，巧借事端，开内教场之渐，启黩武之阶。该监之罪，又不止说谎而已。

武宗时，谷大用曾以牧地之名，混占庄田，侵欺子粒。先臣林俊上言，利归私室，怨及朝廷，欲追赃赈济。至今想祖宗朝之英断，伏乞皇上念祖宗定鼎重地，孑遗穷民，将此叠税特赐蠲除，免留馀孽，再起事端。仍敕该监安守本分，无复妄动扰害，致有他虞。地方幸甚，臣愚幸甚！

地方兴化有机疏

题为"地方兴化有机，人情鼓动已渐。恳乞议开屯学，储材积粟，以广文教，以训武备"事。

臣待罪屯牧，因改学差。在屯言屯，曾一试之而稍见其效；在学言学，则有兴学，而兼可以佐屯者。臣终不敢忘敝梁敝笱之思，而使国家不得收可大可久之绩顶者。皇上特允阁臣，请专设寺院董应举经营屯插，慨发帑金十万两，听其便宜。仰见我皇上留心稼穑，《邠风·七月》之咏，无时少辍于怀。事苟可行，且不惜发帑为之，况乎不必发帑而有可以佐屯者乎？

据天津兵备副使王弘祖详前事内称："天启元年十二月十九日，蒙提督学政监察御史左光斗批。"据河间府屯田水利通判卢观象呈前事内称："国家之至不美者，鬻爵纳粟之途也，而人争为之不讳。国家之至美者，力田文学之科也，而人率迁而不为。有道于此，无鬻爵纳粟之名，而可兼力田文学之实，则今日之屯学是也。"屯学之法，先授以田百亩，给以武生衣巾，使之且耕且读且射。寄学之后，文艺有长，力田有加，收之庠。业益进而不已，土益辟而功多，即就田之入饩之庠，从此而开贡，从此而登科。总以耕读之令名，成教养之实事，使业传之无穷，而利收于未艾。作法日广，教训岁深，即不尽为操弧射策之名儒，久之必多驰驱御侮之材士矣！

谨列条规，开陈如左。等因具呈蒙批本院，习射以劝武，开屯以劝农，两利并存，无如设屯学便。查永平、蓟密诸道，皆每岁有武生数十名，况借之以开屯乎？闻地方生儒，接踵于粝，因天因地因人，似亦不容已者。目前区画经久，规模及已尽未尽事宜，天津道一一确议，以便具题行缴，随该本道看得该厅为屯田，而议开屯学，其意甚善，其论可行，惟有视卫学运学一体举行而已。按《诗》有曰"攸介攸止，烝我髦士"，朱紫阳曰"士出于农，而工商不与焉"，管仲曰"农人之子恒为农，野处而不暏其秀。民之能为士者，不足赖也，所从来矣"。我国家卫有学，是军之子得为士；运司有学，是商之子得为士。今不使水耕火耨者，与荷戈负贩之子同沾圜桥观听之荣，可乎？

本道以为屯学之设，断当视诸卫学运学，署其名曰：瀛海屯田儒学，请钦颁学记一颗。则事有归着，而人知向往。若夫作半真半假之事，处若信若疑之间，体轻而不尊，恐法立而难久，有负本院作养之美意多矣，况乎美利之源既开于农人，庠序之设何靳于髦士？今将该厅条议各款，逐一备细参酌覆议外，伏候具题明文，至日施行。

一愿入屯学者，试其文理稍通，更知骑射，申本院收录。给以武生衣巾，授之水田一百亩，使自耕之，每亩收租稻一石。惟本地人或不惯水田，暂令耕水田五十亩，收租五十石，仍种白田五十亩，随年之丰俭，官生两分之岁以为常。前件本道覆议，得收录之始，一试其文，再试其射。果堪作养，该厅呈院，以屯田寄学生名色，准免本身杂泛差役，有司以礼相待。耕田之数与纳租之数俱如厅议，该岁入租百石，而博一衣巾名色之荣，亦未为滥也。

一屯学武生，文艺优长，遇考试之年，欲送文试者，免府县二试，径送本院。卷面明书屯字号，文理一视文童资质可进者，准与入学。前件本道覆议，得屯生愿赴文试者，该厅造册径送，相应免其二试。中有文理可进者与充附学。

一屯学生员遇考试之期，补廪补增，一如卫学，其廪即以所种田收之入，照文学例廪之。前件本道覆议，得各生已充附者，考居一等补廪，考居二等补增廪，增之额应照卫学立学之初廪数，难盈出贡以食廪二十年为期。俟其人文渐盛，挨次出序，月粮给以本色，每月稻谷二石，即以田所入给之。

一屯学诸生，每生员十名，准作科举一名，以励其进。其应定中额是在上裁，非职所敢议也。前件本道覆议，得科举应试，断应取其一二，以示鼓舞。数之多寡，未可悬定，以至中额尤未可轻议。

一屯学武生，遇武科之年，俱俟职厅径送本道，免其府试。既中之后，如再加垦水田，听屯院咨部给剳听用。前件本道覆议，得武举之年，愿就武试者免其府中类试，该厅造册径送本道，亦与文试相仿相应。准从中式，后加垦水田另议。

一南北远方有非河间人，而愿入屯学占籍，准令收试入学附籍。屯庄比照本地人，或加种数亩，以免地方占籍之争。前件本道覆议，得为屯田而开学，人之南北，非所拘也，加种以苦远人，断断不可。人既种田即为土著，河间之人万不得以冒籍启争也。

一立屯学，设官舍置人役，一切经费俱屯官措办，不必动官糈尺寸。天津文学原有两教官，即令一官摄理，亦不必更添教职。前件本道覆议，得一切经费不借动于公帑，则事无不举。日前，创立庙学所费不资，恐难时诎而举盈。既借官师，亦应暂借卫学，俟十年后，建宫设官，未为晚耳！

以上七款，俱简要可见诸施行者。倘诸生借此梯荣，意气渐骄，逋负租额，荒芜田土者，除黜名外，仍加究治，勿谓今日不道及也。等因到臣，臣惟寓教于养者。帝王之所以易世寓兵于农者，地水之所以为师。今国家日日养士而不得士之报，则教非而养亦非；日日养兵而不得兵之用，则兵非而农亦非。臣以为救目前之急，而犹存古人之遗者，莫如屯学便。臣逡巡两年，未敢具题，盖一试于天津而得其地矣，委之于卢观象而得其人矣。

又今春出示晓谕，入籍屯童，俱赴天津开垦，其各州县旧垦者俱不准算，而人争趋如流水。时方春暮，乐往者十数家，而臣又得其人情矣。臣又恐其未的，复亲行天津，踏看我疆我理，瞭如指掌，而诸屯童之且耕且射者，实有其地、有其数、有其人矣。昨岁六佰①亩，今为四千亩。向之一望青草，今为满目黄云，鸡犬相闻、鱼蟹举网，风景依稀，绝似江南。虽秋水灌河之后，而穰穰犹自可观。此皆前屯臣张慎言、新屯臣马鸣起苦心实绩。

臣于是始信屯事之可兴，而屯学之可举也。信能举之有七便焉。

臣去岁科试各州县，告开荒入籍者所至遮诉，且本道俱已考送，而臣不敢收。一恐以客杂主，起目前土著之争；二恐有人无田，开他日冒滥之路。屯学设而地方无争矣，且田必在天津，每田百亩入籍一名，人孰肯捐重赀辟草莱而为他人入籍者？田既为清楚之田，人亦为实在之人。其便一。

海防营田，每亩收租二石，士与兵宜有异，恐其多而难继也。每田一亩入租一石，每试百人得租万石，试千人则十万石矣。日计不足，岁计有馀。其便二。

且既以屯占籍矣，世其学不得不世其田。田芜者黜，负租者黜，告改学者黜。顾名思义，何说之辞？是士子世世守其业，国家亦世世收其利也。其视鬻爵纳粟如日中之市，交易而退，各不相顾者何如？而况乎诈伪公行，半镪颗粒未入大仓者哉！其便三。

去年，天津初立官庄六佰亩，秋获三千石，以示民榜样耳。然牛力子种车梁庐舍工作，顾觅为费不赀。有其人则田存，无其人则田废，安得常如卢观象其人者而任之哉？屯学行而听人自耕，不见金钱之出，但见籽粒之入，所谓少少许亦胜多多许也。其便四。

平居无事，天津一钟足敌五钟。今庚癸之呼，既迫山海，而咽喉之断，又虞东南，以附近之田养附近之兵，一钟足敌十钟矣。其便五。

顷妖贼为梗，白粮不时至，百官常禄至不能支，业已见端矣。若岁益米数万斛，即不敢作尚方之供，亦可望果朝官之腹。其便六。

且此力田者，大率殷实而俊秀者也。行之而三年后，耰锄之众即为干城横槊之儒，即为露布通人，于所已倦而转人于所不知。则其便七。

臣且未敢深言耳！臣尝过穷乡小邑，文学黯浅，徒循故事，不得不如额收之。其实举笔欲下，未免违心。今此远来入籍者，同以搦管，储王国之桢，又独以举趾佐县官之急，谁非吾人而乃有斩焉！坐者肉而跣者鹿，亦不大平矣。善乎道臣之言曰"卫有学，军之子得为士；运司有学，商之子得为士，而使火耕水耨者，不得与荷戈负贩之子同沾圜桥观听之荣"，盖有激乎其言之哉！

故今日屯学之议断，当照卫学运学一体举行者也。然而所收一凭文艺也，黜亦凭文艺也。学宫不必另建也，学官不必另设也，廪饩不必出之宫也。有立学之名，无添学之实，不过增博士弟子员数名而已。惟科举渐多，则中式名数亦渐加。此尚在数年之后，然而增举一名则增谷已数十万石矣。

国家又何惜辽东事，额而不为屯士开功名之路哉？臣三年心血，两番目击，实见有此七便，合之道厅七议，而又皆已试之事，将成之绩，故敢会同屯马御史马鸣起据实上闻。然非臣与屯臣之言也。臣在津门晤寺院董应举，见其汲汲皇皇，备极劳辛，而事属创始，卒难就绪。若使屯学兴，而屯臣按亩，微臣收籍，庶几事半功倍，相与有成。不然功名之路不开，即添设十寺院，岁发帑十数万，岂能以一手一足奏绩哉？伏乞皇上俯鉴愚诚，非泛泛悬空条陈者，比即赐俞允，结今秋涤场之局，而开来春于耜之端。屯政幸甚，士子幸甚，臣愚幸甚！臣已巡，河间入籍子弟，专候进止。臣不胜激切待命之至。

校记：① 佰，原刻作"伯"，据文意改。后同。

比例建立武学疏

　　题为"比例建立武学，以修武备，以广作养"事。

　　据大名兵备按察使詹尔达详前事内称：本年五月二十八日，据大名府知府赵琦详前事内称，文武并用，经国之常，况射为六艺之一。古人每于祀享阴习之，即国初令甲中试者，亦试以骑射。自承平久，而重文轻武，遂置弧矢于不讲。

　　今三韩之土宇沦弃，黔蜀之黠鸷鸱张，亦非无事时矣！与其求折冲于草泽而未有应，孰若畜御侮于庠序而或得当？今蒙本院蒿目忧时，加意作士，以习射鼓舞诸生，一时子衿咸能破的，而畿辅间亦翕然向风矣。然议者犹谓合不如分、兼不如独。盖以操觚而兼挽强者，不患无进取之路。惟力能贯革，巧可穿杨，而修辞未工者，弃之不无可惜。如遽跻之翰墨之林，则终非本色，恐反为浮薄者所讥。故不如分之，便上马击贼，下马作露布，岂非有用之材？乃今武之不竞，政由弄柔翰以袭轻缓之风，耻距跃而无驰突之用。故有不习孙吴而习风雅，不谙韬略而绣鍪悦者，虽日敦说，可为将乎？岂赋诗真能退贼也？故不如独之便此。大名习射童生彭鲲化等，习射武生李嘉言等，有创置武学之呈，而乡绅亦有广置武生之议也。本府读乡绅广置武生议曰：广置者谓两京，虽有武学，不过以教纨绔胄子耳。兹欲推之郡邑，以尽收跅弛之士，而养之庠序之中。以武经将略为专业，以勇略骑射为科条，一如诸生课习之例。

其试也，邑拔而上之郡，郡拔而上之监司，监司拔而上之台使。凡入彀者给衣巾复其身，优者复其家，如诸生进学之例。台使岁试之，监司季试之，郡邑月试之。每试必有差等，量行赏罚，如诸生考试之例。遇乡大比武，即于其中汇送应试，如诸生科举之例。其殊技异能屡试优等者，奖赏外仍得咨送委用；其惰窳不振者，时汰斥之，如诸生优劣之例。遇学台按临，愿改就儒试者，准径送院，免其汇考，如乐武生例，而稍为优之。其肄业，令各就教场射圃，不必增舍。其督训属在郡邑，不必增官。大率辟其登进之途，使有所向慕而思奋；重其提调之权，使有所诡窃而不敢。又不为一切束缚文具致防其业，而滋之扰法至便也。行之无毂将见决拾之俦，与缨弁之伦齐驱并驾，皆得以自树于功名，而武不为绌矣。人知有武，则凡偶傥骁捷，负俗使气之辈不难俯首于上所。磨厉以鸣剑登坛自喜，以跃冶触藩自愧，而武不为厉矣。

事平，生聚教训，可武可文；事急，有勇知方，可战可守。隐隐干城，屹屹保障，武且不俟张皇而自备矣。所谓率子弟以卫父兄，实户垣以固堂奥，视彼驱役号召，功政相万耳！缙绅之议如是，其言最悉，而亦凿凿可行。即本府原籍滇中州县亦有武生，皆附于儒学，其进退黜陟，皆略比于文士，如议中言。况畿南神京外户，其人慨慷而矜勇，古记之矣。兹者宪台以习射收试武童，一时入彀者既二十二人，而挽强命中者咸思磨厉自见，岂宜一行辄罢？似当题著为令，以贮多材，学不必另创，即庠序而是；官不必另设，即师儒而是，大都以能射为主。射而颇习制义者收之，射而能谈方略者急收之，即不工辞章而技绝、人勇出众者亦间收之。要必取之有额，始不开滥觞之端；试之必严，始不启侥幸之路；待之有礼，始足示风励之权；兼之以文，始足洗椎鲁之耻。如是而干城腹心之士，有不矜奋以期效用者，未之闻也。或者谓武科未必得人，则今之词章取士，岂尽古里选法？而名臣硕辅悉用以起家，即唐之郭汾阳亦孰非以武举进也？

　　盖上之所向，下之所趋。方今拊髀而叹乏人，歌风而思猛士，诚辟其途以招之，岂无向风而应者哉？缘由照会到司，呈详本院，蒙批据议。设武学以储材，且有蓟密、永河诸例可仿，急当举行以顺舆情。顺广二府，事体相同，一并议妥，以便具题缴，蒙此随行。据顺德府呈为比例，北郡请立武学以作人材，以振神气事。窃照经邦用文，戡乱用武，盖綦重矣。自古作士有薪樷之典，于迈有烝徒之楫，文武盖不相离矣。是以我朝作养人材，两京设有儒学、有武学。学各有官，以司教授。其近京保定、河间、永平三郡亦各有武学，盖以畿辅乃居重驭轻之地，武士不可弁髦，学宫为将相发轫之初，纮网不可畸废。其每岁学院发送武学作养者未易□指数，独念顺永保河，固为近水楼台；真顺广大，亦是股肱良郡，其拱卫神京等重也。其士之歌鹰扬，而举于乡等额也。何以北有武学，南郡独无？北郡稍能引弓者，皆得列衿裾易头角；南郡射能穿杨破的者，区区与齐民伍。非所以示激劝崇武功也，况自□□猖獗之后，人人欲为请缨。其自中山以南皆赵魏故地，犹多悲歌感慨之士，闻国仇而奋臂磨砺者，隐然有封狼居胥之意。幸蒙本院按临，阅文兼以阅武，多士向应操弓反胜操瓠。上焉者文炫七襄，射穿七札；下焉者亦不至"急风吹缓箭，弱臂驭强弓"之嘲。藉令与北郡武学诸生，角能于甘蝇飞卫之途，未知谁当环树而走。顾乃北郡有学以收录之，培育之；南郡之士，独使之散处于草野，混迹于氓伍，容易丧志而废业，上之人亦与有责焉！

昔寇恂为河内太守，移书属县讲兵肄射。今幸遇本院先为加意士之操弓，而至者如云，无庸本府移书讲肄矣。维是武学不设，终是畿南一缺典。伏望本道转详学院，每府创立武学，即武学猝不能立，姑以儒学兼其名，以收目前习射之士。即有武学亦不必另设职官，姑以儒学代其官，以省俸薪衙舍之费。其与首善之人材，帝畿之神气，未必无少补焉！

又据广平府呈，为请立武学以修武备，以广作养事。窃照畿南数载不一岁试，即试亦不过衡文，尺幅寸晷，程一日之工拙，定六等之赏罚，止矣！士生长其间，且不识弓矢为何物，矧云习也。今蒙本院轸念时艰，概复古制，于操觚之外教之以射，于录文之馀广之以武，一时诗书子弟识上意指，闻风而磨厉者，且不难竭悬弧之力，为饮羽之奏矣。此而审括，彼而决拾，杨穿百步者将不乏人，而挽强命中者且肩相摩也。平干墨子郡，无能仰京学涯渚，乃今籍而纪之，精七箭以上者二三十人，善骑射者又四五十人，此数十人者向非弄柔翰而思附青云者耶？遽弃之宫墙之外，恐拂向往之初心；骤混之章缝之例，又启侥幸之后进。惟是文不工七襄而力能挽五石者，上不难以武之名进之学；能讲六韬而技又能动七札者，上又不止以武之途辟之。无事则范我舍矢，可以观德；有事则鸣镝控弦，可以御侮。如是无武学之名，而有武学之实，非儒士之质而有儒士之用，诚一时之便计而千载之良规也。合应比照大名府议，附武生于儒学，而以教官董之。月有试，岁有程，一切优免礼待，得比京武学诸生例，庶人人奋吞□之志，而国家收登坛之实效矣。各缘由呈详到道，据此看得文武两途，古出于一而后乃分矣。文以俎豆摈军旅，武以长戟笑毛锥，不相能也。然文以礼乐饰治平，武以干戈戡祸乱，有相济也。

今天下恬熙日久，武备日弛，与宋室之声容何以异？三韩弗靖竟犹，顾而莫可谁何？则国之需武，孰有如今日之甚者？乃台臺虑周桑土，戒切衣袽，下车未衡文，先较射，广录武童。若而人复其身且拟上闻，著为令。一时控弦矫矢者，翕尔向风，慨然有武学之请，真壮图也。第当此兵荒交搆内外交讧之秋，而骤议创举，宁惟时不暇及，实亦力莫能支，莫若以广厉之心，行通融之法。学附之文庠，不必更设之学也；官督以师儒，不必更设之官也；演武之场，肄射之圃，藉为训练之区，不必更立之所也。其未入彀耶？登进之阶，自邑而郡，而监司而台使，已入彀耶？省试时勤，优汰并用，乡大比武，即于中汇升以应至。屡试优者仍得咨送录用，顾就儒试者复准赴院甄收。总之，略文而右射，所为激励而拔擢之者，一如诸生例。则待以国士，有不以国士报者，岂人情哉？或者曰：天保治内，采薇治外。军容不入国，国容不入军，其途原分而学，奚以合？是不然，古者寓兵于农，以内政寄军令，以敦说司折冲，比比而是。今独不可以文庠当武序，儒师作武傅乎？而况游武技于文墨之林，左陶右淑，日渐月摩，有飞扬之气而无诡窃之习，有轻缓之风而无椎鲁之态。咫尺自树，已有足观，又况优容拾级以登之。得当一面，则让如公孙、仁如国华、雅如武穆，讵庸知不权舆于今日也哉？则信乎附学一议，所可布之功令，以壮国卫者也。等因到臣，窃惟顺天之设有武学，督以专官与文学等。祖制良有深意，即蓟密与永平、保定、河间等处，每岁中议武生六七十名寄学，其能武与否皆不可知，而相沿已久，惟真顺广大四府则虚无人焉。入郡之内偏枯若此，殊不可解。岂近边重武，腹里重文？非上靳而不与，则士薄而不为耳。今时不为不岌岌矣。职待罪学政，仿会典及钦约申论，诸生习射兼使其子弟习之，一时儒童彬彬，家弧矢而人决拾。除文理平通者，职收入庠序外，其馀不胜收亦不忍弃，且恐有终不能文者矣。职之初心实欲合有用之文为有用之武，而复弃有用之武转趋无用之文，殊甚惜之。在北四府则有武生之名而无其实，在南四府则有武生之实而靳其名，此士绅所以不平而鸣，道府所以比例而请也。

近据景州枣强、武邑衡水报称，擒御妖贼多系生童。职已檄行分别奖赏外，激发人心全在此举。合应比照顺永保河事例，每遇考试，职亲试之，儒童能中五矢以上者准收，试七矢以上者准给武生衣巾，复其身，即附入儒学。内学不必另设，官不必另添。其能文者径送院试，武科年分即就此中起送，既不能文又不能武者黜之。其永平、河间、保定、蓟密等处武生，容职于巡行时严加甄别，务使文成其为文，武成其为武，庶几名实各相副，而彼此竞相劝。行之二三年，安知无岳武穆奋起于诸生，郭子仪崛兴于武举也哉？既经道臣查议前来，理合具题，伏乞圣明，俯赐俞允施行。

去臣忠直当还疏

题为"去臣忠直当还，微臣苟免宜去"事。

臣以言官提督学政，叨恩拔授大理寺丞，弼教明刑，无一而可。伏念书云：臣下不匡其刑墨，则官守言责。臣更觉有不容苟免者。

臣去年三月曾随科道惠世扬等，后有《奸相典兵、内监典兵、外戚典兵》一疏，参劾沈漼、刘朝、郑养性等，于时烈火投毛自分不免。已而诸臣告者告、假者假，而熊德阳、江秉谦遂谪矣。虽微罪而去，别借事端，而推原本末，总为此一疏。乃旧刑部尚书王纪，继臣等公正发愤，扬庭疾呼，遂蒙严谴。侯震旸亦再疏再谴，口衔手握，霜露已成，鼻捉首摇，道路为戒。盖臣等不意有今日久矣。幸而天牖圣明，未几而漼败，朝以谋行边败，养性以通妖败，今又以谋驻杭城败。诸臣之言，不幸一一验矣。诸臣亦何负于国哉？假令孽戚不通妖，不谋驻杭城，罪珰不谋行边，则漼之关通显状，亦不大败至此。而纪等之言，犹或为私忧过计者、疾恶太严者。今而后，乃始恨其忧之不远、疾之不严也。然则纪等亦何负于国哉？纪以大臣行言官之事，而臣不能以言官同大臣之罚，且不能以言官同言官之罚，中夜循省，实疾厥心。屈指言事诸臣，止臣等一二人。在臣若不言，谁为言者？昔日者，国之有是众所恶；今日者，国之有是如日在天。臣所以痛定思痛，而愿为陛下一沥血也，不但此也。先年一月之间，遗弓再泣。臣与杨琏力争移宫，盖亲见皇上之孤危，避宫之巇脆。此时宗庙社稷为重，臣等只知有皇上，安问其他？迨公私疏上，触怒宫闱，谪臣单疏，传呼大臣，垂帘处分。臣等同咨诸臣齧指出血，为臣营救无策。盖九月初三日事也。

赖皇上不往乾清宫，取臣疏于慈庆宫睿览。因发阁票，微臣始生。臣于时宁为褚遂良，不为许敬宗。自分已决，具在皇上屡谕中。既以宫闱肃清，仰求皇上恩礼选侍，仁至义尽。一疏见在御前，实与贾继春揭同日拜发。臣当奉明旨诘责，旋蒙恩宥，而选侍恩礼日渐加隆，事如是止矣。后继春以借用者挑搆不休，卒被严遣。本一事而强分作两题，本一念而硬坐为两袒。树欲静而风不宁，波欲恬而矶不可。迨琏去，继春亦去，两人相视不得于言并不得于心。此时科道中所谓借继春以攻琏，因借继春以攻继春者是也。

至今两次赐环，独尔遐遗，岂圣明之雨露，有私抑人情之爱憎，至变而为继春者苦矣？昨年发疏之后，贻臣一书，忠孝盈篇，令人不忍卒读，而痛切深悔，根自至诚，臣甚服之。有臣若此，还之西台，必能较然不欺其本心，而超然不遂人牙后。至范济世生平端谨，不能借人，亦不受人借，只缘错认人言，以为己误。继春因而剖心自明以谢，继春是继春，方出于借外，而济世又不觉入于借中。臣所为惜继春并惜济世也。伏乞陛下将王纪、熊德阳、江秉谦、侯震旸、贾继春等，同还原官，资其忠直。至臣先后同在事中而侥幸逸于罚外，不与琏同去则愧琏，不与继春同去则愧继春，不与纪等同去则愧纪等，凡此皆所谓苟免者也。幸而免者，皇上不测之恩，而不欲为苟免者，则微臣立身之义。

倘以忝窃今官，括囊含章，无咎无誉，不为诸臣明白一言于容容之福，得矣。不令鲁连笑人乎？至词臣文震孟、郑鄤，传经抗疏，一代之节义，增光天子门生。元年之国体大损，寺臣满朝荐、科臣毛士龙、铨臣徐大相，明知触忌，言必尽而知必言，有意表忠，死者生而生不愧。在微臣或未识其面，而窃想其人；或未同其事，而极高其义，均之殷网之宜速解，而汉冤之当急还者也。

颜之推有言："士君子立身要有馀地"，臣每三复此言。同事尧舜之君，不宜自碍赐环之路，则夫宣豳天下以太和，而广厉臣工以大义。此不特皇上之事，亦阁臣之事也。

奉圣旨："移宫事情，朕已屡谕明白。其各官争辩俱已有旨，是非自见，何必烦言。以后不得渎奏取究，该部知道。"

平章枢密并急事疏

题为"平章枢密并急"事。

顷，东师再溃，举国震惊。皇上慨然允廷臣请用孙承宗入阁矣，又用解经邦经略矣。外而封疆收拾有人，内而密勿赞相有人。一时似觉可观，而中枢之地尚虚悬无属，在当国者或自有说。惟是以至危至急之势，而缺至紧至要之官。人心汹汹，莫得其故。

查景太①三年，于谦为本兵，兼用仪铭。七年，谦因病在告，又用石璞。往时兼用两人，而今不得一焉。偶尔有病且不能待，况并其官而无之者乎？窃谓朝廷既得救时之人，当竟救时之用。若如祖宗朝阁臣高拱出掌吏部、江渊出掌工部故事，特命承宗掌本兵事。庶几授之以事，假之以权，承宗必有以自效。而一日在阁，一日在部，参赞专决亦各不相妨。救岩关而扬我武，莫有急如此者。乞敕元辅早断，以定大计，毋徒用其名而靳其实也。今惟圣明裁断，宗社幸甚，臣愚幸甚。

校记：① 原刻作太，当为泰。

科臣挟逞私心倒翻国是疏

　　奏为"科臣挟逞私心，倒翻国是。恳乞圣明处分，以保善类，并乞罢斥微臣，以避贤路"事。

　　臣惟君子之别于小人者，清与浊而已矣。君子之不能容小人，犹小人之不能容君子也。其清浊异，则其好恶不得不异也。然而鹊终不可以为乌，凫终不可以为鹤。其好恶殊，其面目终不能易也。此国是也！

　　臣于本月十九日接邸报，见刑科给事中傅櫆，为邪臣比暱匪人，把持朝政，众皆侧目，人有危心。恳乞立赐处分，以销隐忧，以葆太和。事内论臣及科臣魏大中，除大中自疏外，其云："血性男子，聪明丈夫，粉饰虚名，未敢显然，与清塗相背，依附有道，未敢公然与善类为仇"，似乎科臣犹知有有道、有清塗、有善类也者。而一篇之中，终不得其指归着落何在？倒戈于君子，君子何人？呈身于小人，小人何人？汪文言之昭雪者，前司寇、前总宪也。其题授中书者，今阁臣也，臣不闻也。臣于山人墨客，绝迹无往还。臣官阶已崇，不藉延誉，何事引为腹心？臣有以知櫆之意矣。櫆之意，不利于考功有邹维琏，不利于铨司有程国祥，又不利于吏垣有魏大中。一则逐之去，一则不欲其留，一则不欲其到任，而惧臣之稍稍持清议也，则并欲罗于一网。

维琏十八年砥砺，臣未荐之为铨司，亦常亟称其才品。国祥二十年清冷，臣曾随同乡诸臣后一缴访单，虽未尝期其必用，而不敢自昧其良心。大中为人不可亲疏，臣与落落而已。凡此皆负海内之清望者也，科臣何事必欲与之为仇也，岂其性与人殊耶？抑亦有神奸播弄捏造者，日簧鼓其间，不觉目侧而心危，遂手忙而足乱耶？人言科臣曾论清端大司农汪应蛟，公论不许，因求多于新安之人。果尔，是科臣一生与清人为难矣。愿科臣之慎思之也。

臣待罪风纪，扬清激浊。自臣职掌人材进退，例得与闻，何事揽泊，如其纳贿招权，引用非类。指有的实，当明白纠参。若其未也，科臣失言矣。以科臣之权力，能使朝廷不能用人，铨司不敢就列，首垣不许到任，把持朝政者莫科臣若。科臣又尝冒认东厂理刑傅继教为兄弟，脉络机锋，长安冷觑，久矣窟穴深藏，布置已定，将用邵辅忠陷毛士龙故事，比暗匿人者莫科臣若。名义至重，鬼神难欺，欲人勿知，莫若勿为，愿科臣之慎持之也。臣忝窃非据，久思避贤，且见人心目下清正难容，义愤填胸，生趣都尽，何有一官？

伏乞皇上敕下九卿科道，从公议处，要见邹维琏、程国祥等是否清品。科臣身在言路，不能奖恬拔滞，为何扫除清流，颠倒国是？并乞将臣罢斥以谢科臣，另选才贤代兹重地。

奉圣旨："左光斗以清望协持风纪，这所奏心迹自明，着照旧供职，该部知道。"

恳乞天恩放还疏

奏为"亲老身病，恳乞天恩放还，以保馀生，以安愚分"事。

前月，科臣傅櫆有疏论臣，臣随具疏乞罢。奉圣旨："左光斗以清望协持风纪，这所奏心迹自明，着照旧供职，该部知道。钦此。"臣以至愚极陋叨此知遇，感极涕零。谨于私寓，恭设香案，望阙叩头谢恩讫。臣虽奉明旨，实未敢即出供职，方踽踽以图再请，而臣病矣。

臣由万历三十五年进士，筮仕中书六年，行取选授浙江道御史，候命七年，差印马屯田，改授北直隶提学。先后黾勉五年，升授大理寺寺丞、少卿，历俸又一年有馀，蒙恩改授今官。臣之身已非臣有矣！并非臣之亲得而有之矣！顾臣必有身而后可以致身，臣必有身可致，而后臣之父母得捐臣之身以致之皇上。

缘臣奉职痴愚，在屯差，躬自揽辔，巡行陇亩。虽无微劳，而北方水利之兴自臣始，病亦自此始。在学差科考岁考，俱属一周，寒暑昼夜，首尾三载，心血耗尽。积有怔忡眩晕之症，或通夕不寐，或累日废餐。自知非摄①生之道，久欲求归，而臣父母勉以大义，不敢速尔陈情以伤臣亲之心。而臣亲老矣，父年今八十，母年七十有六，昨忽贻臣书云："闻儿新命甚喜，未知此官尚能计差给假否？"臣惊问家人，乃知臣母实病，而父讳之；臣父母皆病，而家书中并讳之也。臣不觉昏眩倒地，移时始甦，延医诊视，皆欲却走。臣所有者，惟此身耳。臣无此身，何以报臣亲？臣无亲所生之身，何以报陛下？臣即欲不向陛下乞身，岂可得哉？

药裹间又见傅櫆再疏，大概泛理君子小人。前说汪文言一事，阁臣屡疏屡揭已明；邹维琏等诸事，台省公疏单疏已明；傅继教一事，科臣自吐自证甚明，臣皆不必言。臣所虑者，科臣能已见于天下矣。得意之所勿再往，快心之事勿再试。臣虽去国，终愿科臣慎持之。

至皇上初登宝极，宫禁危疑。臣勉循职分，誓报君父，无罪为幸，何功可居？科臣疏中犹知有功高夹日者乎！此宗社之福也，敢不拜教。伏乞皇上，鉴臣亲老身病苦情，即允放归；或以罪过深重别有处分，亦惟皇上之命。臣再奉明旨曰："见任尚可。"皇上曲体微臣，自是如此。乃臣愚循省，实自见其未可，敢披沥恟诚，惟圣明垂鉴焉。臣无任激切待命之至。

奉圣旨："左光斗向来忠直，朕所鉴知。昨谕'见任尚可'，正以不必控陈。着遵旨照旧供职，该部知道。"

校记：① 捫，此处借作"摄"。

君命当遵臣谊难默疏

奏为"君命当遵，臣谊难嘿①，再陈决去之情，以祈允放"事。

臣屡疏乞休，亲老身病，自有至情，非为傅櫆之言也。而櫆不知，昨于闻忧之后，又复有言。圣旨："屡旨已明，何乃又来渎扰。本内各官俱着遵旨，不得奏辩，该部知道。钦此。"夫櫆所言臣之事，即屡旨剖明之事。臣即欲有言，无非求皇上明白其事，而皇上业已为臣明之矣，臣复何言？顾臣有不容嘿嘿者，櫆之不自反而尤人也。臣自为言路，誓不讦人于阴，亦誓不迫人于险。

傅继教之事，臣不过聊一点缀，冀櫆醒悟，终不敢尽言，以辱士大夫。而櫆必欲自扬其秽，以致举朝之讼言，于臣何尤？同为臣子，同此建明。人如投石，櫆则投水，甚至各部大臣所不能得者。櫆片语密移，种种如意，以至丝纶失职，来阁臣之执争，于臣何尤？櫆既不慊于心，益求胜于言。今日一疏如此，明日一疏如彼，以至屡疏更端，重烦明旨之诘责，又于臣乎何尤？臣之立身，自有本末。自待罪风纪以来，以人事君，深愧未能好是懿德，秉彝固耳。若使引用非人，受人贿赂，当明白指参。臣曾举以问槚，槚无以应。

今明明在上，穆穆布列。一时向用，罔非名硕。槚欲一概抹杀，何其薄视举朝士大夫？岂槚意中之事、意中之人，布置已定，所谓火传灯续、类引朋呼者，别有一番人歟？

汪文言三月锻炼，两次拷掠，索臣等一事干涉无所得。今杖下游魂奄奄远窜，未分人鬼，尚未快于心歟？顷者，震霆屡下，死伤相踵，忠义寒心，道路雪涕。槚为言官，不为主上霁威，巧为中官逢怒，臣窃不许也。臣所自咎者，槚为臣一官展转反覆，以求必去。至闻忧之后犹刻书草奏，使人复以纲常名节绳其后。是臣视一官甚轻，而槚视臣官甚重，臣视槚甚重，而槚自视则太轻。

陛下若蚤放臣归，必无此事，臣惟有亟去以谢之而已。伏惟陛下降敕施行。

奉圣旨："这奏内事情自明。左光斗既说君命当遵，何又屡疏求去，着即出供职，该部知道。"

校记：① 嘿与"默"通。后同。

圣恩愈厚臣命愈薄疏

奏为"圣恩愈厚，臣命愈薄。恳天怜愍，蚤放生还"事。

臣以亲老身病，再疏乞归，字字至情，非有矫饰。奉圣旨："左光斗向来忠直，朕所鉴知。前谕'见任尚可'，正以不必控陈，着遵旨照旧供职，该部知道。钦此。"

臣谬蒙圣鉴，又锡嘉名，捧诵再三，且泣且愧。自惟生平痴愚有之，何敢言忠？狂率有之，何敢言直？或圣明眷怀往事，谓微臣曾犯司晨之鸣，并射高墉之悖，而谬以忠直许之乎？臣佩此温谕，不敢再有控陈，亦复不忍烦聒，勉就医药，稍冀痊可，便期扶疾入朝，即不能少效，论思亦欲藉此补过。无奈炎上之症，兼以润下，温凉杂投，补泻两误。近腹胫大如腰，腹削如臂，耳听无为有，目视一为三。盖未到始衰之年，而已有臣亲老耄之徵矣。臣亲千里外闻之，必倍增怀感，伏枕思维，支离一身，窃恐忠孝两无所着，尚复能弹冠振衣，从九列后以长事陛下乎？臣幸逢陛下尧舜之君，遭际特达。不减夔龙之遇，而阴阳之患，天实为之。臣之不能毕忠直以长事陛下也，岂得已哉！

臣所以自恨命薄也，臣常奉教君子矣。"难进易退"四字，臣每以劝人，岂肯自背？近见台省中留臣者，多与元辅冢臣同类奖饰。夫元辅冢臣身系安危，道关否泰，自宜勉留，臣非其人也。人各有至情，若使人去亦去，人留亦留，臣之自处，应不如是。皇上留臣之身，不若安臣之心；全臣之官，不若全臣之节。臣孤负圣恩，罪当万死，臣无任哀吁呼号迫切待命之至。

圣旨："屡谕已明。左光斗着照旧供职，不必再陈。"

臣病难痊臣心愈苦疏

奏为"臣病难痊，臣心愈苦。恳恩怜放，以保馀生，以全微尚"事。

臣以遭谗待罪之身，两次乞归，未蒙显斥，反加湔涤，温纶之及至再至三，共于台省各衙门章奏批留者复不下数四。皇上之鉴微臣者至矣！尽矣！臣亦具有心知，敢不仰承君父之命，俯答同朝之私？惟是臣积劳受伤，已非旦夕，呻吟伏枕，自夏徂秋。饮食失常，形神枯削。兼以八十岁老亲，三千里外之悬望，方寸已乱，药饵罔功。初犹医病，既乃医药。

臣之馀生，臣犹厌之，而不蒙圣怜，岂以臣留尚有所用耶？臣自分审矣。臣在言路久，孤行一意，不能苟同于人。即亮臣者多，而不亮臣者亦复不少。命在磨蝎，欲以何尤？惟有退而读《易》，庶几无咎无誉，宜去一也。臣生平不敢妄自菲薄，恒以古道待人，而人心如面，挑构烦兴，将使圣明之世，有莫赤匪狐、莫黑匪乌之象。携手同车，犹以为晚，宜去二也。圣朝多阙，谏书未稀，而臣窃西台，不能于国体士气有所救正。且使圣明之世，有善不可为、恶不能免之惧，宜去三也。有此三宜去，臣即无病，犹不能终日俟，而况岌岌乎有性命之虑哉！

连日顾臣榻前者，动以大义来相劝勉。臣未始不服其言，而不敢自得于心。宋臣胡国安有言，去就之几，如人饮食，饥饱寒温，必自斟酌，不能决诸人，亦非人所能决。臣今日支离困顿，只求一去，唯皇上为臣决之而已。

圣旨："屡旨谕明。昨又于冢卿疏中，谕令安心供职，着遵旨。即出不得再陈，该部知道。"

科臣忙乱失常惊疑太甚疏

奏为"科臣忙乱失常，惊疑太甚，谨平心直剖，以祈圣鉴，以质公论"事。

臣前因邹维琏调部一事，宵人谋搆，触恨傅櫆。硬指臣与魏大中荐用，致疏论列谋者，曰：维琏有清望，恐不足服人，诡而托之汪文言。其意以为，非汪文言不足动魏忠贤之怒，非忠贤之怒不足以杀臣与大中。盖与傅继教等密谋安排，非一日矣。臣早觉之。故于初疏，便指出因琏致恨之原，末点傅继教一段，冀动其良心，稍畏名义。而櫆改口不认维琏，而认继教，其心良苦。

臣又于请告疏，再规以"得意之所勿再往，快心之事勿再试"，以冀感悟。而櫆又不应，其心愈苦。及櫆再疏呶呶，臣求去之人，一切付之公论，不复有言矣。

乃近日举朝请剑诛东厂太监魏忠贤，中皆指及交通。举朝臣工不自疑，而櫆独自疑，已可异矣。及御史房可壮明白指出，而櫆忙乱愈甚，疏辩御史，语复侵臣。若深恨于臣之初疏，发傅继教之隐情者。噫！是何不自反而尤人也？

　　夫举朝臣工何以不疑他人，而独疑槚也？槚当反而自求其故矣。何也？傅继教者，东厂之理刑也，出身书役，营为较尉①。忠贤喜其深藏黠猾，善刺人阴事，以理刑属之。一亡赖棍徒，累资数十万，从何处来？毋论江右，京师籍贯绝不相蒙，即真属同胞而托身权珰，不当有司马牛之忧乎？

　　科臣认为宗兄以致继教外张省熖，内借珰威，关提线索，代报恩仇。小而商役，大而缙绅，无不人人重足。象忧亦忧，象喜亦喜，欲使人不言不可得也。继教又冒认傅应星为兄弟，应星者，名为忠贤之甥，实为忠贤之子。兄以及兄，弟以及弟，而应星之妻崔氏又与奉圣客氏之子之妻为兄弟。合门骨肉，一姓通家，急难在原，借之御侮，欲使人不言不可得也。一疏而兴诏狱，再疏而转缊纶。倏而虔刘，倏而停毒，莫不节节当机，矢矢入彀。胸藏阴符之经，口称显明之道，欲使人不言不可得也。臣参继教，举朝参傅应星等，则难如拔山。槚论汪文言，则捷如应响。同在交戟之下，不蒙一视之恩，欲使人不言不可得也。寒心景监，变色参乘，此义诚不可望。于今日读孔孟书，观近臣以所主，观远臣以所为主，应自了然。槚住忠贤之房，见在箔子街，不但亢宗有兄，抑且居亭有主。以杀媚为房租，以告密为贽礼，欲使人不言不可得也。凡此数者，明白显著，昭然耳目之前，人人知之，人人能言之，譬如物在喉间必吐乃已。臣岂能强之使言，亦岂能禁之使不言哉？且槚之言又谁使之也？

　　朝臣之论忠贤也，儿童走卒无不加额。而槚以为举国若狂，此言未可令士大夫闻也。至汪文言者，非奸细之傅养全，非阉子之应星，非阉私之继教。臣若与交，何须夜聚晓散？伊若能通内，何至朝发夕挐？臣之立身自有本末，臣与画何策、招何权，引用何邪人，受何贿赂。若有的据，愿明白指陈，臣引颈就戮无悔。即或锻炼文言，构兴大狱，臣坦腹受之不惧。汉侯览不杀李膺、杜密，明王振不杀刘球、黄璘乎？周内之下，何求不得，一任檟为之。嗟乎！善媚者必于灶，善集者不于枯，世固未有有其事，而无其功者也。臣不交呼吸霜露之魏忠贤，不交咳唾生杀之傅继教，而交首领不保之汪文言。臣愚不及檟远矣！且檟之言三四变矣。始参维琏，继而诵之；始参大中，继而救之；始附忠贤，继而叛之。

明旨所云，屡疏更端，或谓是欤？惟其言曰：不幸与继教支派相属，自是悔心之萌，从此倒戈忠贤，火攻继教，同心讨贼，大义灭亲。人当有亮之者，似不必呶呶，尤人为也。臣求去之人，不愿有言。见檟再疏相煎，不得不一言以备九卿科道之议。终不敢尽言，以辱士大夫也。惟圣明垂鉴焉。

校记：① 较尉，当为"校尉"之误。

诗

五言古

山　居

隐者必以地，巢许不买山。

隐者不以地，巢许箕颖①间。

我爱大隐人，十亩尝闲闲。

岂无风云姿，不浣水云颜。

有亭环灌水，好鸟时绵蛮。

龙友纷相携，鸿宝手亲删。

俯仰怅松楸，白云相与还。

在阴托芝苓，五色自斓班。

为乐贵及时，逸驾杳难攀。

一朝委荆棘，使予泪潺潺。

校记：① 原文如此，当作"颖"。

题金氏双寿卷

我闻云横山，山高万余咫。

峰峰宅仙灵，玄熊守阶戺。

戴胜忘春秋，鸜苓长孙子。
欲往介金婺，疑我金婺是。

早秋读书竹林自述

寂寞太冲子，居卜愚公谷。
别策闲林阴，曲径盘修竹。
湛湛秋天长，娟娟秋气穆。
日晏足高眠，报道晨炊熟。
凭栏数视天，振衣理新沐。
枫叶澹初黄，旗茗烹嫩绿。
豁眼拭遗编，琳琅一再读。
激扬芳麓雕，宛转枯枝燠。
尽校不为雠，得意随手录。
贝叶时一缙，跏坐礼天竺。
无花平石床，有渎连茅屋。
倦即拂枕眠，醒复愁灾木。
儿童狎至前，客子来不速。
送迎总在门，往来皆大陆。
非寂亦离喧，虽雅颇近俗。
何当薄暮时，澄天净如浴。
松声咽管弦，荷花袅馥郁。
暝色奔不停，牛羊纷纷逐。
对景得新诗，把盏倾蘖曲。
长歌谁与言，息机吾也独。

寿孟芝轩太史尊人

中条有佳木，云是古冥灵。

春秋不可问，但闻千岁苓。

有阴托鸾翾，流润皆龙形。

我欲往从之，仙风为泠泠。

颂曾年伯七十寿（有序）

　　同年曾公奭为其年伯乞七十寿言。予素不能作无情之语，久未报命。一日，春雪霏霏，索原状架上，得趋庭之训，曰"宁孤行一意，毋寄径它①人"之语。抚案起曰：寿翁者，在是矣。急命童儿烧灯，疾书之，尽酒一升而就。

清时苦无骨，浊世苦无目。

无骨只依人，无目丧其独。

我思古之人，中行而独复。

孟津八百多，首阳两人足。

肯以我叩马，轻徇彼逐鹿。

当时岂不顽，千秋仰芳躅。

此语久不闻，闻之堪一哭。

世出世间法，片言转其轴。

有子真夷齐，如翁真孤竹。

如何对梓荫，不令思乔木。

校记：① 原文如此，应作"他"。

题友人卷

我闻巫咸氏，复闻欧丝野。

耕织罔所须，衣食多优暇。

既已无艰辛，亦复无教化。

眷彼徐之翁，诗书起躬稼。

不宁开子孙，永劝来者驾。

其二

龙蛇在蛰时，往往风云护。

何况神明人，而无天佑助？

无趾尊足存，塞翁真不误。

玉汝亦何劳？行矣翔天路。

其三

崒山有流膏，着处结珠颗。

黄帝既以飧，君子以御祸。

积善贵积源，冥修戒无颇。

照者亦非荧，明者亦非火。

美哉双璧人，取券岂云左？

其四

小盗盗如鼠，大盗盗如虎。

鼠窃犹可防，盗残不可吐。

嗟哉南海民，赖翁得安堵。

翁去榷使来，荼苦十倍虏。

螺蚌无生胎，波神无宁宇。

何当叩至尊？令珠安合浦。

与元中^①道丈偈（有序）

与道人《昼夜说》："长生未暇学，请学长不死"，此苏子瞻之言也。盖言不死则无生，无生则无用。长生是则是矣，予更有说焉，不死如何可学？当有不死法，尚在生死中。如何了生死？且问生是作么生，死是作么死？截然若两般，茫然无了处。《易》有之，曰：通乎昼夜之道而知。知此者可以知生死之故，知生死之故者，可以长生，可以长不死。予为作《昼夜说》以贻元忠道丈，且就政四方之有道者。

向晓便为昼，向夕便为夜。

昼觉而夜寐，与时为代谢。

昼夜无短长，无喜亦无怕。

凡夫安所习，悠悠与物化。

若使夜不旦，畏夜如畏呙^②。

若使昧不醒，谁人肯寐者？

生死复如是，千古旦暮也。

至人通知之，是一不是二。

日月自代明，逝者长不舍。

真则梦亦真，假则觉亦假。

但要灯尝明，谁信元不夜？

无断更无续，不欠自不借。

此中但明了，一齐都放下。

若遇仙佛祖，当先遭呵骂。

校记：① 题作"元中"，而序文作"元忠"，不知孰是。

　　　　② 原文如此，应是"凸"字之误。

咏怀诗示缪西溪宫谕

芳树临华池，其下多芳草。

埃风吹历乱，严霜亦何早。

芳草既已摧，芳树亦云老。

宫中有佳丽，仪容多窈窕。

封狐竞妖冶，蛾眉不自保。

青蝇点白壁，弃掷何足道。

其二

飞尘避白日，天地失其明。

曾参不杀人，慈母胡不惊？

愿回若木光，一察葵藿情。

墉鼠床下语，蝙蝠梁上鸣。

黄鹄摩青天，不与世相争。

哀哉险侧子，用心何怦怦。

其三

老狐戴髑髅，夜拜北斗神。

绥绥曳长尾，顷刻化为人。

我有龙颖剑，欲杀投水滨。

丈夫报国家，鸿毛安足论？

击之一不中，徒为鼠雀嗔。

多彼寒蝉辈，教我守沉沦。

其四

玄鹿遵长林，白鹤舞晴雪。

山中有神人，避世修隐诀。

呼吸通神明，坐对忘寒热。

出世君何长，入世我何拙？

烦师指病根，迷途顿悟彻。

长路进双履，霜飞水冻冽。

别同乡赴诏狱

斑马鸣萧萧，长河水漓漓。

岐①路一尊酒，行者皆声失。

念我平生交，执手如胶漆。

子弟各依依，啼呼向落日。

幼儿尚嬉游，不识六与七。

旧德无足存，生还未可必。

天王本圣明，众女善妒嫉。

临风从此辞，孤臣委汉室。

流离戴君恩，努力全臣节。

直道不可为，微劳易过切。

安得浮云开，与子归衡泌。

校记：① 原文如此，应为"歧"。

七言古

题东谷先生山庄

予生之辰苦不早，父老犹能说乡老。

乡老显者郁相望，德行无如东谷好。

东谷先生古隐沦，结庐直与杜陵邻。

十里绮疆分地巧，千年古木拂天匀。

乃翁拮据复不小，为亭杳霭更夭矫。

载阳春日鸟关关，清夜月明涛皛皛。

人言亭榭多潇洒，翁有馀悲托松櫄。

血泪频添翠竹斑，白云时起龙鳞下。

龙鳞下有千秋苓，千秋魂魄归斯亭。

少陵已没杜陵改，居人定复指环青。

予不识翁识翁处，识翁之孙名侍御。

善哉瞿所一歔欷，低回怀之不能去。

予之视翁不翅曾，有女新尚翁之仍。

琳琅玉树干霄汉，亭榭区区安足凭。

赠嘉州君

一自蚕丛入汉陲，蠢尔酉蛮时内窥。

释法匪法剿无奇，至今怨开西南夷。

西南夷开不足怨，制驭往往失方便。

天子威信何曾敷，竖子邀功轻索战。

一将功成万骨枯，介子郅都终武夫。

贪天倖胜非长策，不幸身随国与徂。

千秋仅见嘉州君，先声早夺千人军。

匈奴未秃子卿节，司马喧传谕蜀文。

一时星罗并雨泣，不遗一矢氛妖戢。

功成长啸不受名，但醉燕然耻勒石。

可怜播孽至今横，西夷十载苦谈兵。

南倭北□如沸羹，请兵请饷无宁程。

封侯进爵何峥嵘，安得如君天下平。

八 老 歌

元气混茫区宇划，人生电火纷迫窄。

昨日白皙今婆娑，晓日高歌夜寂寞。

所以竹林有七贤，复闻饮中有八仙。

左慈旧隶群仙籍，王氏颉颃缑岭巅。

人生不饮亦何为，听我长歌八老篇。

顺翁铁面声璘璘，抱瓮茹芝太古民。

脱身珪组径逃秦，白雪盈囊泣鬼神。

荆翁四壁与七尺，杖策支离闲对弈。

种树耽花差有癖，头上进贤轻一掷。

成翁千顷度汪汪，愿除步兵侯醉乡。

多情多态薄东方，有子三都球琳琅。

鹤翁须眉如戟复如雪，炙輠谈天错玉屑。

一啸使人意自契，凤毛往往称三绝。

皋翁绰有蓝田风，西园飞盖坐从容。

瑶池会上少年雄，倾赀百万耻素封。

大伯英雄气食虎，神理徒存失毛羽。

封胡羯末时起舞，胸中磊块贮今古。

二伯膏肓在石泉，闲理榆钱种秫田。

堂下唔咿堂上弦，牙筹终不碍超然。

吾翁茌苒百花底，半生生计药苗里。

抱朴疑方稚仙是，子孙还与郭公比。

歌罢飒飒动檐风，浮云黯淡气冥蒙。

白日自西月自东，杨花自碧蓼花红。

请君烂醉枕新丰，终期控鹤上崆峒。

报国寺看松同李懋明御史邹匪石吏部

梵宇纷披松十围，龙鳞高挂鹤来归。

拥护天阙心独苦，涉历冰霜势欲飞。

寒柯苒放伸劲铁，皴皮细蹙姿态裂。

怒枝云霄敌蛟龙，老根连蜷缠虹霓。

清风吹散何萧骚，妙音众乐生波涛。

碧云秋影横僧榻，金粉春花点客袍。

我闻庐山之松参天起，孤高挺秀吸江水。

天柱龙山遥相望，尔我贞心毋乃是。

长安遍地桃李花，笑他夭冶擅繁华。

五侯七贵争相看，岁寒谁为过君家。

与君手挽长松株，向僧还索长松图。

安得携松置丘壑，远避如今五大夫。

哭万元白工部

黄雾四塞遮蓟北，浮云满天蔽白日。

道上狐狸走入宫，壮士闻之声慄慄。

西江万公真人杰，手揽斧柯伐三蘖。

上疏直数中官罪，一时群小皆咋舌。

胡为矫旨杖狱中？血肉淋漓声音绝。

义士掩面各吞声，不觉唾壶尽击缺。

果然恭显杀贤傅，中朝之事尚何说？

我有白简继君何能已，与君同游杖下矣。

丹心留在天壤间，没没之生不如死！

狱中同杨大洪魏廓园顾尘客
周衡台袁熙宇夜话

噫嘻哀哉！当今之事不可问，谁信慷慨回气运。

长安猛虎昼食人，雾盖燕云十六郡。

我欲呼天天高不可呼，我欲告人人心毒如荼。

皋陶平生正直神，瓣^①香可能悉其辜。

夜来床头生芝干如铁，不在李膺之前则在范滂之侧。

英雄对此益增奇，天地愁之失颜色。

噫嘻，吁嗟乎！明月蚀于天，高山崩入渊。

如何长夜如长年，安得魂去飞翮翮。

上与二祖列宗诉其缘，肯教鸾凤独死枭獍乘权！

校记：① 原刻作"办"。

五言律

九日怀亲

故园秋每好，三载滞归车。

问节惊初度，思亲数岁华。

场应升晚秫，霜渐老寒花。

莫便登高望，苍茫思转赊。

寿伯兄五十

老丈看余伯，追随似昔时。

衰从今日始，非自几年知。

秋色惊加瘦，黄花发故迟。

莫辞桑落酒，原上正参差。

小　筑

卜室龙山下，萧萧只数椽。

客来频石坐^①，鹤唳欲飞天。

花竹分邻圃，栽培问长年。

月明乘兴返，曳杖度前川。

校记：① 石坐，当为"坐石"，以与下联"飞天"对仗。

筑成无花

避俗聊为尔，莳花未可图。

秋风当晚落，黄菊好开无。

拳石凄无色，雕栏势转孤。

春光应烂熳，伫想欲狂呼。

九日迟赤城不赴有作赋答

似尔情耽放，偏余礼不苛。

一觞迟老友，随意出新歌。

山水樽前合，风流醉后多。

东篱与北郭，秋色定谁过？

吴绳之有约不寻诗以徵之

客里谁相召？愁怀直到今。

狂歌惊骤雨，瑶瑟待知音。

一再占庭日，悠然见汝心。

转怜暝色好，无计破孤岑。

闰九日集方孝廉馆公以九日初度

令节重逢九，揆辰闰亦稀。

秋深菊较盛，霜重蟹全肥。

醉客惊非昨，登高愿尚违。

坐贪梧上月，露湿未言归。

题邢子册

薄俗谁当近？君真大隐人。

眼前俱鹿豕，生事信风尘。

醉敢辞同俗，穷来有一身。

转疑吾道拙，卜宅就伊邻。

题唐子寿母卷

我亦为人子，怜君远寿亲。

明星悬①宝婺，佳气郁庭筠。

未干方升木，无文既隐身。

遥知欢舞䌽，满座绕阳春。

校记：① 原作縣，通悬。后同。

王化卿方玉成共游浮渡永夜有怀

秋入浮山好，兴言已自饶。

词人清并往，松月净相招。

色界空中静，穷愁醉里消。

惭余双屐齿，咫尺一峰遥。

与玉成言诗却赠

雅道今归尔，词坛见几人？

自惭毛羽劣，翻费齿牙频。

薄俗殊无赖，交情此独亲。

典刑欣有托，唱和一时新。

饮吴客卿太史得遥字

大雅看如此，相从幸不遥。

主人情好客，侍子慧传谣。

帙散风为展，诗成蜡再烧。

黄花新酿近，还得一倾匏。

寿家君六十

生我今三十，知年是六旬。

斑斓将野服，禄仕本居贫。

大药扶身健，诸孙绕膝驯。

寄情虽一壑，犹得戴皇仁。

出乌石岗

渐喜尘嚣远，旋惊野色明。

凤山青欲送，桐子郁相迎。

场圃牛羊下，村篱鸡犬声。

几年还薜荔，底事误浮名？

出 孔 城

归途曾滞此，三载又重过。

村巷还相识，儿童拍手歌。

片云高岫出，荒日古城多。

去住身何主？驱车晚渡河。

过浮山二首

五载浮山路，经过复此隈。

芙蓉当面出，岚气绕舆来①。

丘壑吾将老，风尘尔故催。

最怜秋色远，行矣首重回。

其二

未卜吾庐处，偏怜此壑宜。

好山围四面，曲水绕千池。

寺隐僧时见，源深客自疑。

不堪樵牧问，应动向时悲。

校记：① "岚气绕奥来"，《龙眠风雅全编》作 "岛屿泛潮来"。

近　家

故里经年梦，还家此日心。

营寒惊往俗，问道得乡音。

倦目风村叠，劳舆峡口深。

入门应共笑，相对一抽簪。

迟诸弟试音

夜起魂难定，行吟再展文。

我疑皆失学，人或拟空群。

雁影寒江并，灯花永夜纷。

几时欣握手，酬唱壮风云？

过玉峡山庄用五歌韵

山宇开何日，追寻逸兴过。
源深忽到水，池小欲含波。
凭几松涛远，衔杯峦翠多。
尚期春柳濯，把袖为君歌。

山居谢山人过饮

念尔山无色，相逢阛市间。
添炉迟白雪，出句见青山。
春好还通屐，樽悭略破颜。
同游惟我共，不许厌跻攀。

君节玉成夜过分得晴字

最晚交情惬，称诗赖主盟。
阳春惭唱和，长夜得分明。
云岫连镳好，霜风入酒清。
醉歌一翘首，西月送新晴。

雪霁道中口号

出郭舒新望，骞帷对夕晖。

湿云留野树，晴雪照寒衣。

腊近梅争放，春生柳欲归。

何如田父适，高日掩柴扉。

其二

已霁天犹雪，离离树欲低。

寒暄众壑异，向背一溪迷。

冻犬迎人静，饥乌下食齐。

携牛村父老，曝背近墙西。

廿八日饮齐越石宅得晞字

春归才十日，春色已辉辉。

风欲宜人面，寒仍上客衣。

花事游先计，年华景渐非。

言归应尽醉，莫问露曾晞。

除日讯谢山人西寺二首

叹尔长年困，前途路转迷。

羁栖依病衲，操作赖荆妻。

吊影将无醉？排愁合有题。

平生关切意，岁晚转凄凄。

其二

兄弟动相念，君贫日更增。
计宁谋食拙？道自固穷能。
野外春阴寂，街头酒价腾。
倒囊无长物，买醉共山僧。

谷日饮邻翁

入夜雨濛濛，侵辰日渐融。
润知春陇足，占得岁时丰。
艰食身何虑？留欢酒不空。
邻翁深命醉，欣赏亦应同。

其二

爱客邻家叟，皤然一古翁。
劝酬随意到，语笑仗人通。
述旧存亡半，评时得失公。
肯呼频共饮，相隔只篱东。

君节毕嫁有作

归女营曾竟，啼儿泪不干。
世多劳嫁娶，君更属艰难。
琐屑随人面，周旋称妇欢。
一娇吾渐长，先此欲眉攒。

同中隐访不贪伯懿继至

声气相怜久，风尘一面乖。
到门随酒盏，即席总吾侪。
暝色催飞鞚，佳人驻别怀。
临歧①重取醉，胜集几能偕。

校记：① 原作"岐"。误。

别化卿入碾玉峡读书

破累长为客，归山且避哗。
人畸依鹿豕，道曲信龙蛇。
结习文章苦，清音山水遐。
寻源吾路熟，定不误桃花。

入山志感

弃世将何寄，偕人百未能。
随方沾忌克，是物动嫌憎。
名岂干神理，空曾授老僧。
一团吾自分，犹恐致青蝇。

生　事

生事长如此，悠悠只自嚬。

及闻责负苦，到耳妇言频。

扫径心徒切，缄门懒是真。

几捻书籍卖，留待送昏晨。

送贺景崖还丹阳时大小戴继殂

置尔非无地，偏兹得大群。

艰危还伯仲，气色各风云。

渐觉晨星落，重惊水国分。

眼前无籍在，别酌不能醺。

园　游

不乏名游处，幽心惬老农。

杂花荫野菜，绕屋种长松。

茜鞾吾庐似，萧疏尔辈从。

莫辞深酌酒，那得数扶筇？

送友人

可惜春明道，春光三月间。

故人何事别，行色有馀闲。
言上五台去，经游二宝山。
何如僧结侣，独往怅难还。

病中七夕

微雨洒庭柯，凉风此夕过。
天如清汉渚，神亦爱凌波。
巧妇深深乞，鸣蝉夜夜多。
一疴遂数载，吾久愧星河。

九日对月

亦自寻常月，贪看转觉新。
清依双白鹤，照定一愁人。
对面惭思妇，低头愧览辰。
年年当此夕，小酌共双亲。

同中隐访化卿谈禅

滑岭来容易，慈云出不轻。
经秋才一面，索处可为情。
肥瘦惊相问，存亡叹屡更。
坐深闻妙义，近得解无生。

化卿别后复别莐卿

不堪摇落尽，次第故人行。
老泪干南岳，柔肠断赤城。
伊威侵素榻，黠鼠上残枰。
门外偏车马，将迎不称情。

九日怀方玉成

生事何为拙？深秋滞尔归。
流离淹寿郢，作客耐寒饥。
命岂文人薄，穷嗟世眼非。
故园又重九，无意蟹鱼肥。

蒿墩嘴夜宿

薄酌宽能醉，寒灯晃不明。
苦吟村媪厌，无寐旅魂清。
嘱圉勤宵秣，呼儿试早晴。
闻鸡先接淅，客路少严更。

酬星士祖饯麻山

积雪亲知断，冲寒季主来。

到门欣问讯，称客有佳醅。

大泽龙蛇动，初春梅杏催。

穷通君自问，一笑在燕台。

宝树庵与松公

恰可称初地，千峰一室藏。

诛茅和雪盖，种柏与檐长。

苦衲刚三众，玄经只数行。

便疑超器界，不复问西方。

其二

幽偏真此地，冠盖几能登。

客到疑惊犬，情忘好伴僧。

三餐分半钵，一榻下枯藤。

咫尺松风下，相从说未曾。

阅楞严毕遂征车北上别松上人

本踏红尘去，翻为白业留。

从公无碍舌，还我既狂头。

溟海同圆印，青天接法流。

病犹防隔日，妙药好时投。

其二

到此岩头熟，其如归路生。

恋人偏侍子，逼我是浮名。

一壑吾将老，千秋尔共盟。

世途真可畏，勿过虎溪行。

雨　宿

小雨疏林净，虚堂老衲闲。

夜深官烛短，病后酒杯悭。

起和壁间咏，行看窗外山。

一声钟磬寂，明月满陵间。

入　陵

小雨忽新晴，今朝白眼明①。

九陵青一概，万壑郁相迎。

恍接风云气，真从龙虎行。

飘飘忘所适，回首失昌平。

校记：① "白眼明"，《龙眠风雅全编》作"眼倍明"。

九 龙 池

削壁嵌山幽，池平过雨收。
青天万马骤，白日九龙游。
湛影涵金镜，深源接御沟。
万年芳泽在，不独共藏舟。

长安口号

亦自称中翰，何曾博大官？
汗能淹马臂，饱不足猪肝。
衣破还须典，冠陈且耐残。
休猜作两殿，不是这般寒。

其二

自不预人事，门开也自关。
经旬一报谒，长日是深山。
贫病差相称，儿童不耐闲。
昨宵新谪放，报失两长班。

其三

薄宦凶年并，长贫百口兼。
虚传高位俸，不养小臣廉。
过雨煤钱长，将炎水价添。
可怜官样子，博得自家嫌。

其四

曼倩饥能惯，袁安卧且便。
偶传百斛米，载得大官船。
妻子牵相笑，凶荒尚可全。
更闻捐俸诏，不到小臣边。

其五

名色同称省，行头捧一竿。
偶然呵道吏，跪得守门官。
世态真堪笑，优场聊一观。
焉知辇路下，不作武英看。

其六

不复侯台安，加餐字也难。
小书无一部，两腕不曾酸。
视篆连闻换，新官叠报单。
就中些子意，眼见俸钱干。

其七

一日何曾醉，清斋竟月能。
家童闲似鹤，宦态冷如僧。
世眼何尝窄，余心不可惩。
向来炎热处，今日尽为冰。

其八

闲杀双鹦鹕，羞闻唤凤凰。

何从一染翰，原未侍君王。

庆贺朝朝至，朝仪个个忙。

年来疏大礼，典却旧朝裳。

西山十咏

何异龙眠路？所殊未有樵。

野墙藤作瓦，村落树为桥。

向背溪流转，有无山色娇。

天风吹向夕，满路发松潮。

其二

望望碧云峰，嶙峋万石封。

一筇通曲径，数里发深钟。

种杏深成巷，栽松尽作龙。

池潭清绝处，尚隔几重重。

其三

到眼云岑叠，经行宝树深。

十年劳梦寐，一日快登临。

瑞霭团金相，清光入紫禁。

不须穷五岳，只此是抽簪。

其四

山市自成村，山家薄有垣。
花边深系马，柳外杂携尊。
痛饮酬佳节，游闲见主恩。
日曛何处宿？高枕老松根。

其五

恰可称禅居，清池混太虚。
洗盂连密藻，施食出潜鱼。
煮茗分新汲，寻源绕碧除。
倘能分半榻，不复爱吾庐。

其六

卓锡杳难穷，行行不避骢。
花间宾主杂，语次姓名通。
峭壁孤松挂，颓垣细竹濛。
老僧供茗碗，小摘野畦中。

其七

磴削天全阔，梯蟠地转牢。
一亭环积翠，万里见秋毫。
白日入林碍，青天过鸟劳。
自从经御跸，直是五云高。

其八

地主何曾问？相逢但酒杯。
依人怜薄宦，恋我是香台。
婚嫁期难毕，风尘眼暂开。
岱恒清咫尺，极望思徘徊。

其九

问佛何年卧，只今犹未醒。
世人争一觉，吾道本沉冥。
柏子原无改，娑萝依旧青。
山僧殊不解，强自礼遗经。

其十

又复悠悠去，翻怜草草过。
源迷疑不再，邻接竟如何？
新句携囊少，清思入梦多。
坚怀奇绝处，归语旧鸣珂。

忆　亲

贱贫奚不适，何事急儿官？
老眼燕云破，乡心楚塞团。
屡书闻岁俭，多病况秋寒。
欲拟双舆养，无端去住难。

忆　子

柱子今周岁，书来数报奇。
岐嶷通语笑，文弱称追随。
旅梦惊相唤，春归近有期。
儿应啼向父，先此拟含饴。

忆二女

弱女倍儿恤，提携并一双。
逢人初试拜，学刺半临窗。
亲老偏伊慰，愁多赖汝降。
至今孤馆寂，犹自笑声哤。

忆　内

贫家有拙妇，颇亦称寒暄。
供客饶茶菽，生儿足犬豚。
别来身拥盖，归笑室无裈。
何日媞媞至，清尊与慰存。

忆龙眠山居

卜筑傍龙眠，云深一径穿。

源穷才见屋，山尽忽开田。

芋栗新栽得，刍荛任往焉。

笑余缘底事，一别动经年？

九日同友人阅武场二首余以是日览揆

坐卧俱无着，春秋总不知。

忽闻重九节，乃是览揆时。

侍子当关唤，观人立马期。

便须强一出，樽酒且追随。

其二

帝梦急非熊，征材万国同。

重臣亲作鹄，多士俨临戎。

霜气侵骢马，风声怒角弓。

勋猷公等在，吾亦厌雕虫。

送林如初归

老识长安路，归馀京路尘。

瘦驴风雨滞，短剑雪霜屯。

故国饶佳胜，相逢足隐沦。

有儿俱令器，应尔倦依人。

秋日同陆仲开方胥成集李于玄邸中分云字

不谓喧嚣里，清尊得共君。

招携俱气类，酬唱各风云。

秋净明河迥，天高候雁闻。

江南怀此际，游屐日纷纷。

送何虚白民部督饷辽东

乡思正无际，君行更向东。

民真宽杼轴，剑已失雌雄。

晓日寒单骑，清霜湿远鸿。

不劳频怅望，我辈素心同。

其二

风雪暗旗旌，筹边此一行。

地官应特简，天子壮长城。

飞挽终无计，随田可劝耕。

会看方略上，不独慰呼庚。

送刘燕及岭南四首

把酒不能前，问君何所迁？

蛮方鬼是国，炎徼火为天。

小吏诚何罪？骄人不作缘。

到时检谪籍，曾亦有临川。

其二

自尔矜行危，偏余好服奇。

高驰能不顾，此道复何疑？

偃蹇有今日，艰难负夙期。

忍将新刻画，倒置旧须眉。

其三

衮衮皆兄弟，如君独此行。

羽分双凤阙，心折五羊城。

朝议方如沸，人情正好兵。

无争①是绝域，君或厌春明。

其四

最是宜人处，偏宜是广州。

梅花万岭雪，桂子四时秋。

舟有西施并，门多鲍靓游。

从来仙作吏，莫减旧风流。

校记：① 原刻作"竟"，兹从《龙眠风雅全编》改。

姚汝芳仪部之南

渐与龙颜远，仍将鸡舌含。
世情竞逐北，吾道合归南。
声气还同舍，勋猷仗盍簪。
莫因无事事，山水任情耽。

送汪啸云之粤

久客无归绪，飘飘又粤州。
过门能不入，此世欲何求？
白石终难煮，丹砂未可谋。
从来鲛客泪，未免向人流。

赠魏辟疆太学

西下多名士，南来又魏生。
阅人双眼白，对尔一庭清。
时事须高俊，君家有弟兄。
莫因相识晚，不与订生平。

王妹丈过书斋却赠

喜尔山中驾，惭余野外供。

山云交自好，竹雨兴偏浓。

寂户司苍虎，新文泣老龙。

芙蓉美七尺，行矣蹑高踪。

与 葵 侄

鹗石郁崔嵬，青云得妙才。

行文堪立马，作赋早登台。

剑气天边倚，琼花笔底开。

何堪凋谢后，重见凤毛来。

饮 友 人

有兴寻安道，无金铸子期。

一朝成雅集，千里得传奇。

日耀波连阔，风吹柳拂低。

夜分情不厌，欹枕任如泥。

其二

偏我情耽放，期君礼不苛。

一樽清兴足，千载绪言多。

绝涧藤萝合，危峦风雨过。

相看惟孔李，不醉且如何。

其三

大石君堪漱，清尊我共浮。

十年怀往事，三载纪同游。

煮茗风生灶，持杯月上钩。

豪华京洛满，输与醉乡侯。

其四

寂寞称山居，云深欲染除。

闲情惟种树，乐处好观鱼。

鸟狎忘机外，人眠一醉馀。

更多贤子弟，挥麈听吟书。

其五

已尽千朝酒，寻过百尺楼。

狂来歌欲舞，风入夏疑秋。

烧烛平分月，移花半拂榴。

逢君宽礼数，山简任风流。

其六

好客怜居士，操舟喜渡人。

平沙栖白鹭，浅水照游鳞。

日落鸦归急，风高雁唳频。

漫言尊酒竟，景色倍相亲。

遭玛逐道中感怀

岂料阴初盛，沉淫昼不开。
伤心惟枳棘，触目长蒿莱。
争说朋为正，难令鸩作媒。
呼天问清霄，直待有风雷。

其二

幸未遭严谴，居然许放还。
愿难成栗里，祸恐续椒山。
空有安危计，谁开语笑颜？
龙眠旧卜筑，长在汨罗间。

其三

暧暧浮云障，冥冥妖祲繁。
疲驴冲道路，破帽出都门。
抗疏功全少，埋轮志尚存。
君王如可悔，幸有老臣言。

别双亲赴诏狱

再别不能去，中堂有老亲。
著书成令子，传世学忠臣。
逢难心犹烈，居官家更贫。
白云何可望，回首尽烟尘。

畿北道中士民攀槛车持金钱相赠诗以谢之

车指燕山道，徘徊半故人。

相逢多下泪，欲别且攀轮。

风与畿南别，情因难后真。

殷勤谢多士，从此避嚣尘。

七言律

送齐重客从刘燕及宜黄

迢递霜帆动客星，一时白社忍飘零。
只缘神剑贪相合，翻令玄亭冷自扃。
结伴浔阳双眼白，胜游匡岳五峰青。
定知马队非君事，为滞春花共醉醒。

雪日玉成君节适过因同野眺分得风字

平明理沐将过汝，不谓冲寒屦早通。
蔬鼎偶然来逸士，竹枝聊复命歌童。
真怜踏雪临深壑，更与登楼御大风。
却忆蓟门同客日，满天虚霰夜濛濛。

廿四日怀旧

风雨寒宵旅寺深，浊醪清共老僧斟。
追欢强自随燕俗，怨别难禁动楚吟。

十载浮沉馀傲骨，百年生死总关心。
殷勤后妇能谋酒，一酌沉冥不可任。

除夕与化卿中隐共酌

荒庭历尽夜犹长，谈笑依依尚尔行。
贾岛苦吟淹古寺，长卿多病滞他乡。
无营转觉家为累，得醉须知客不妨。
华发明朝看又改，莫因牢落负春阳。

除　夕

华发蹉跎逐岁添，夜堂深寂烛花淹。
离亲何异曾为客，拂影其如数步檐。
语笑悬知兄弟减，悲吟真得妇儿嫌。
明朝驱马城东去，一顾春风旧酒帘。

元日饮方君静侍御

柳条拂曙悬鸡帖，柏府乘阳发兽尊。
不谓书生叨缀席，滥从彩气混诸昆。
袭裾煤玉辉辉动，映雨灯华宛宛繁。
兢出凤毛俱得岁，可知春色烂君门。

正月二日对雨

金花彩胜竞清明，满目阴云四野横。
元日先愁无望日，雨声早已是春声。
沾知弱柳行将动，寒逗流莺不肯鸣。
献岁空斋无一事，旧编惟命侍儿擎。

正月三日饮玉成宅得冬字

庭院深深乐事重，雨馀滑屐更相从。
屯云浙树依城湿，著席寒梅照眼浓。
语燕流莺声渐逼，远山高阁望全封。
醉来忘却经三日，谈笑依稀似去冬。

送贺长君侍太母还东

共君才得饮屠苏，何事风帆便适吴？
饯祢总深王母恋，升舆各得冢孙扶。
江梅冷带官衙色，碧草青分南浦芦。
遥计回瞻知不浅，重来共醉酒家胡。

同姚汝良夜集汝芳宅有怀以冲

清居近市对秋缸，细雨芳尊静夜窗。

带湿云钟声涩涩，含阴风炬影幢幢。
相将绥胜咸争媚，竞和阳春各不降。
白社弟兄俱在目，独君迢递滞寒江。

人日城望归饮诸社兄

春阴寂寂眺吟违，斜日当楼一放晖。
宛转垂杨新濯濯，啁啾语雀试飞飞。
粘天晴雪千峰驻，绕堞寒烟万井围。
钟动归途诗半就，樽馀柏叶忍教挥。

元日夕学宫晏集分齐字

竞市花灯照眼迷，何如高阁动青藜。
乱移星斗悬空烂，角舞鱼龙掠殿低。
俊味总穷吴会胜，丽游直与广陵齐。
曙钟欲彻淹归去，此夕谁人不醉泥。

戴令微讣至得化卿霍中书

兄弟当年意气闻，于今双剑一时分。
招魂心向兰前动，理玉情从书后殷。
尘市不堪重买骏，穷交况复叹离群。

遗编好在为珍重，老泪休令尽北云。

赴叶君尝乡庄途中作

荷尽新凉久注情，幽期晓赴及秋晴。
盘堤万柳高低出，乱眼千峰向背明。
稻熟天风农自得，路经乡国马全轻。
到来景色应逾好，不惜清尊百盏倾。

喜化卿至自霍

新秋知厚雨中临，病起依依喜不禁。
乍对共怜存瘦骨，向来翻笑费愁吟。
幕山消息应无恙，滑岭栖迟可重寻。
缬叶黄花风景逼，且为诸子破萧森。

中隐习静慈云兰若寄怀
奉答二首兼呈石公上人

西山露下菊初黄，独树当门隐上方。
挥麈几年焦净业，拈花一日悟空王。
劳生奔走穷偏得，阅世交游拙不妨。
独有故人能问讯，将无谭笑下禅床？

其二

新著青州不耐寒，梵钟深处露华残。

逢人强自呼居士，误我将无是宰官？

纵酒清狂容惠远，多闻结习似阿难。

听来妙义深开示，独步阶庭岭月团。

同化卿随喜灵泉苤卿许携榼不至

无端秋思下平原，有客邀欢共款门。

倒屣急须呼胜侣，抱疴强欲尽深尊。

破云月色分香桂，送雨风飔度野村。

笑我空依梁上柱，何人刻烛待王孙？

秋日送化卿之霍山

天空一雁渡檐阴，执手河边送客心。

奔走为怜高马骨，姓名无那重鸡林。

云鸿正值归途背，霜叶偏从去路深。

莫谓桐云浑不念，故园还有白头吟。

同化卿君节以冲集戴允孚楼宿余傀居北城

北郭东墙咫尺闻，风流当日见殷勤。

登楼再值新秋敞，握手偏惊累月分。

鸡犬几家仍户牖，弟兄强半隔风云。
多君无酒能酤我，一任沉冥到夕曛。

中秋夜雨

高阁经秋爽气开，拟逢今夕共徘徊。
无端残雨收还落，不定鸣蝉去复来。
益睡世情强剪烛，贮愁胸绪且衔杯。
坐看满目阴云起，风响高梧一凤哀。

赠孙镜吾

镜吾氏，余乡文章宿伯也。久精禅那，晚复习韬钤，远赴秋防，诗
以送之。

笔花落尽剑花鲜，悟得尘缘即净缘。
凭取金刚百八子，更携家乘十三篇。
乌藤玄麈浑成戟，汉月胡云总是禅。
不信防边有尊宿，新题妙偈在燕然。

宴益藩西园

龙山孤峙拥仙居，别阁西开爽气舒。
玉额金题深护竹，云绳霞笈静函书。
秋风有客过丛桂，授简何才不子虚？
盛事归传钦帝叶，定知招和在芙蕖。

咏　梅

千树梅花雪不如，开时正及雪飞初。

飘飘尽挟风霜气，落落犹疑星斗疏。

满座春随邹笛转，一天香散令公馀。

相看未许慵调鼎，想望苍生渴未除。

其二

占尽风情香暗舒，横枝疏影绕吾庐。

偶因狂客惊高卧，便与开尊共著书。

自是岁寒堪作侣，向来耳热意全除。

汉庭故事春相献，莫遣罗浮出旧居。

寒食道中即事

二月春风杨柳烟，一庭花事杳茫然。

几家旧恨斜阳外，无数新愁高冢边。

塞俗耕驴似耕犊，燕人乘马不乘船。

逢迎官吏纷持牍，问道闲曹未肯前。

谒　陵

皇图天保九陵雄，宛转潆蟠见寿宫。

王气总缠穷塞北，云封高接大江东。

珠襦两地山河壮，桑土千秋牖户同。

锁钥只今谁可寄？忧天空自厪孤忠。

其二

昼漏钟鸣寝殿张，汉仪周礼肃冠裳。

祠官带珮承恩重，列辟徵金荐酹忙。

云护四蛇常出没，月明独鹤自翱翔。

总然肿蠠①通呼吸，未必尊亲似上皇。

校记：① 原刻作"盻蠠"，盻当为"胎"或"肿"。

送王苌卿馆赤城

惊秋旅客动归程，之子萧条更远征。

客泪总翻霜叶下，马蹄直逐塞鸿轻。

逢迎到处倾新酿，欣赏同谁嗅落英？

清夜赤城回首望，凤山秋老可为情？

燕邸送友人归里

蓟门九月雪霜深，短褐临歧①泪不禁。

逐电孤骃迷去影，没云高雁失遗音。

到时黄菊尊仍满，别后青山梦屡沉。

为谢故人劳问讯，风尘早晚急抽簪。

校记：① 原刻作"岐"，误。

询三伯父时访知白兄不值却寄

秋气萧萧万木疏，茂陵遥忆病相如。

北窗风好仍残梦，南极星高不照庐。

伏枕怀人还骨肉，杜门烧药柱图书。

欲陈七发怜才少，暂把金縢易子虚。

辛丑夏再过舅家感赋

争拥雕车喜欲狂，经游悲记五星霜。

树深麋鹿篱边见，藤暗山泉镜里藏。

风景疑分秦望气，威仪犹识汉冠裳。

夜阑话罢升沉事，白璧双双照渭阳。

与进贤何四明文学

班生词翰旧知名，吴楚雄游迭主盟。

梦就五花凝彩笔，赋成双凤绕青城。

苍茫大漠烟云直，惨烈秋阴剑气横。

闻道尉佗犹不靖，使君早夜治长缨。

七夕与友人

晓日雕车犯狭斜，遥来泽国旧人家。
乍藏雨气云全净，忽起霞纹月正华。
漭荡世情歌一曲，淋漓酒态鼓三挝。
姮娥欢罢还应别，却妒人间乐更奢。

过马皖公侍御古唐山庄

近郭园城景色新，烟萝绕径可藏身。
隔篱风雨花迎客，傍水楼台鸟伺人。
抗疏传经诚足慕，买山游岳总成因。
与君试步大堤上，霜满青天月满筠。

饮吴体中观察

郁葱佳气敞高筵，尊酒相看雨后天。
五木祥开星欲落，万家烟净月初悬。
玉壶寒至侵河朔，银汉秋澄逼酒泉。
漫饮平原过十日，还期夜载雪中船。

舟中同吴客卿何康侯二太史

惊看紫气满平皋，有客翩翩驾小舠。

天女机丝织菡苕，波公菰茭酿葡萄。
乍添景色风幡正，忽堕飞流雨气高。
此会一时湖海兴，前阿东阁凤将翱。

赠 邻 翁

风尘漂泊意初慵，故旧相过啜野供。
隐自汉阴时抱瓮，望高元礼竞登龙。
世情黯淡云初散，饮兴逍遥月正逢。
玉树插天行蔚起，北窗欹枕好储封。

吴青芝孝廉见过

幽斋雅好足相宜，客至偏疑杨子栖。
尽日浮云堪闭户，满林秋气好耽奇。
悟穷玄草名犹赘，识破闲嘲解亦非。
深酌共君那惜醉，来朝方问尚书期。

盛菊泉方伯招饮却赠

一湾溪水一篙船，炎夏何当赠绮筵？
君自蒲团甘白石，我将酒德访青莲。
笼中道士原为佛，眉岭先生凤是禅。
此后雕胡堪作具，相逢但可煮清烟。

与周岳翁

当年意气薄风雷，浪许寒儒射隼材。
自是青云雄上国，更将白雪傲词台。
人情漭荡看秋雨，世态翻澜醉浊醅。
我去成名翁自嫁，丈夫端不患无财。

与用和时自外兄胡虞部归

倦游司马少耽奇，笔札依人雅自宜。
赋就子虚仍闭户，名成嫚世独哺糜。
虞衡官况怜如水，泽国风流好著棋。
为笑骠骑输第五，已将生计看朝齑。

有　感

玄亭寂历倚逡巡，回首钟陵秋思旻。
彩笔何年雄棘院，箨冠此日傲松筠。
神龙已为司空吐，鸥鹭应随海客驯。
把酒呻吟怀往事，霜风萧飒乱青萍。

竹林漫兴

别业初开竹树幽，辋川佳丽一椽收。

晴云昼黑非关雨，夏日寒飔岂是秋？
鸟狎疏帘门半卷，蝶穿虚牖梦同浮。
醉中闲染霜毫色，剑戟交横篁语愁。

送文湛持翰撰南还兼寄姚孟常太史
周蓼洲吏部时以状头疏参中官降调

晓露花深紫殿高，宫袍新着气凌霄。
承恩便欲诛常侍，初服相将报圣朝。
阿阁谁能来叹凤？大江归去怕闻鸮。
中流若遇群鸥侣，如此风波不可招。

赠方孩未侍御

才子名家赋早工，西台一入想雄风。
乍闻鸣鸟惊虞阁，早见批鳞出汉宫。
梧凤朝阳遵极北，花骢嘶雨遍关东。
同乡何幸逢同调，吾道如今竟不穷。

杨大洪归里后感示惠元孺给谏二首

痛杀龙髯攀不及，幛天毒雾满朝危。
触阶流血君方见，叩阍排帘宫始移。
北阙雨风号二祖，西山霜雪致三疑。
至今永夜伤心事，空向乾清涕泪垂。

其二

孤危少主自堪怜，姑息翻为妇寺牵。
利口果能昏白日，杞人只恐坠皇天。
行吟无地终怀楚，击筑增悲竟离燕。
一死一生原是幻，肯同举国饮狂泉？

送孙恺阳阁部督师关东

一天杀气成秋色，四面箫声变羽声。
忍见鲸鲵横鸭绿，可无筹策返辽城？
衮衣急借周公出，簟服还劳方叔行。
报国有心常似击，只将龙树乞神兵。

其二

丞相胡为远镇边？痛成两表出师先。
封疆竟可酬恩怨，鸾凤何能混鸟鸢？
若过燕然应勒石，倘平回纥望朝天。
干戈那及人心险，只恐回车不肯前。

酬赵侪鹤冢宰

东山鹿豕经年卧，诏秉铨衡正百官。
忧国可怜双鬓白，焚香为告寸心丹。
身留一剑霜花满，话到三朝夜月寒。
自分驽骀无足道，何缘得顾便交欢？

送魏廓园出都门

征车遥指向荆扉，分手长安木叶稀。
泪洒九阍俱是血，烹无五斗且搴薇。
忍看毒雾黄河暗，一任雄鸠白昼飞。
我亦蹉跎从此去，相期悲啸采芳菲。

寄叶台山相公

党锢将兴思乞归，如公当日号知几。
江湖何必分清浊，牛李难明孰是非？
生计青门瓜正熟，功名白发愿同违。
西行大祸犹能解，莫恋滩头旧钓矶。

槛车至濠梁时杨大洪书至

荒郊一带惨风烟，缇骑征车江楚联。
含泪开书犹骂贼，同心共请只呼天。
此生莫作无家别，万死惟知有剑悬。
寄语故人须早发，相期面折圣王前。

五言排律

与晦轩居士

拓落看居士，风流想昔贤。

忘机邻野鸟，息踵伴枯禅。

性喜愚公谷，情宜大士莲。

户盈彭泽柳，花满辟疆园。

卜宅才三亩，开池可一拳。

厨烟云渺出，山溜石中穿。

嫩绿纷初染，娇红半欲然。

丛林阴拂拂，疏竹媚娟娟。

引镜添华发，张帘绕冽泉。

牛羊日夕下，鸥鹭晚风旋。

孤客床头酒，遨游杖底钱。

不知城市变，那问谷陵迁？

士畏题门外，风高折屐前。

双儿齐凤起，诸子复蝉联。

坐对河阳县，闲歌桂树天。

悬壶宽日月，搔首傲坤乾。

莺语堪箫鼓，书声杂管弦。

相皮犹涸俗，揣骨已成仙。

漫以三都赋，聊成招隐篇。

题龙眠三都馆

馆之设越二十年，往，家兄弟前后栖息其中。余稍风云起，而子弟翩翩未艾也。遗簪坠履不可忘，矧旧道场乎？诗二十四韵纪之，用识后毋忘。

信是辋川处，雅堪玄草堂。

地偏心自远，径曲景翻长。

白练当门泻，青山入镜藏。

杨疏斜抱郭，松老咽鸣珰。

凿石邀厨溜，编篱傍水央。

莲分大士座，桃借武陵旁。

实就啖方朔，花开媚六郎。

风前排剑戟，雨后茁旗枪。

丛菊堪充酿，芙蓉半集裳。

参差眠怪石，指点坐幽篁。

展卷俄惊蝶，开帘忽送香。

游鱼翻藻出，野鸟顺风翔。

鼠戏侵书帙，花飞满竹床。

境岂称花县，人疑是上皇。

折葵堪饭客，煮桂足谋粱。

时理峰头屐，闲乘泽国航。

撷来资美锦，纵去佐雕觞。

日月难相计，寒暄总莫伤。

毓成池上凤，种得手中璋。

把臂龙为友，抽毫字挟霜。

芝兰生石室，春草绿池塘。

一世蘧庐寄，千秋授简场。

雄飞那羁绁，后举复跄踉。

只此称仙洞，何须远裹粮。

五言绝句

新 妇 词

朱帘围绣户，锦帐复低垂。
妾泪流难尽，郎心竟何为？

其二

明月籁来好，浮云特地开。
月欲云中堕，郎君试一猜。

其三

夜久回华烛，天明下锦茵。
自怜临镜里，不是女儿身。

其四

阿嫂嫁来时，侬心窃自疑。
些儿肠断事，莫遣小姑知。

新 郎 词

不学鸳鸯舞，羞它烛上花。
请看北堂上，阿娘怜阿爷。

其二

入夜畏宾哗，拥衾托寒疾。
若个便关心，受他真怜惜。

新公姑词

昔日为人妇，今日为人姑。
不省初来夜，欢娱事有无？

其二

鸡鸣天已曙，公姑犹对眠。
传汤先婢子，不敢近床前。

七言绝句

旅　怀

风尘不复问长安，晴雪霏霏动去鞍。
最是停云多少恨，荒村日落酒杯残。

其二

去年此际上公车，此日晖晖竞佩裾。
总是不同风色在，寒暄较昔定何如？

代方君节室人送行之作

几载公车怯对夫，何当此别笑将雏。
深杯数拥人前劝，不复轻轻唤老奴。

其二

锦障雕鞍指凤楼，一时名士让风流。
汉宫旧道多如妾，约子提携到御沟。

初从金山自然师访其兄松和尚

已过金山寻宝树，更从无著问天亲。
山晴一月犹看雪，尽处山头是上人。

送倪吉旋年兄之上杭

却送襄阳又上杭，翩翩仙令兢骊黄。
月明清夜频回首，有客萧条在帝乡。

其二

露华初散雪花寒，簇拥旌旗夹道看。
不信明经有高弟，汉庭自昔重儿宽。

送昆海年丈之西安便道归省

画堂春日静晖晖，仙令初归试舞衣。
酌罢霞觞重命盏，轻寒次第说京畿。

其二

迟迟春日拥潘舆，儿女牵携尽曳裾。
一曲骊歌留不住，风流渐与故园疏。

其三

胆水金山天下奇，仙郎标举自相宜。

多情猿鹤能迟客，肯许黄华立马窥？

题友人卷

帝城葱郁五云飞，帝子垂衣事已非。

万里将雏贤刺史，珮声空逐凤池归。

其二

玺书才见出遐荒，又复龙章下未央。

不是丝纶君不爱，为君添入作青箱。

其三

春风一夕动归樯，有子承恩入未央。

朝罢不劳天语切，起家原自是高阳。

送何昆泉山人归蜀

从今不必梦三峨，大地山河在刹那。

四万八千齐出现，本然清净竟如何？

其二

西来东渡无消息，个个跏趺齐面壁。

有时点头举似人，生公有法说不得。

其三

平将桐子一块铁，幻出眉山一片雪。
更有补天手一双，凭谁炼取石五色。

其四

地髑平骷总不妨，就中真假与谁商？
它年黄石祠边过，孰是张来孰是黄。

其五

名可得闻不可觑，其妻不识其友识。
天涯踏遍与谁言？但指寒山一片石。

三兄还贞负质木疆少以理家务不拈书帙坎坷且尽云水堪娱诸子弟翩翩会风云起矣诗八首赠之

夜煮蘼芜昼作饔，盘蔬自损客来供。
村墟日落车骑散，赤脚闲归一老农。

其二

鸟兽还吾不乱群，裳为薜荔箨为帉。
云边罗绮多豪贵，身隐如今焉用文？

其三

风雨凄清春可怜，撑犁拥笠薄耕田。
种成粳米粗输税，馀与中郎竹杖钱。

其四

翩翩轻薄拥雕鞍，叱御鸣驺带笑看。
自是芒鞋生计稳，行迟骢马耀长安。

其五

介推有母终成隐，接舆无妻几破狂。
自是灌园原不悔，縈纻喜得苦相将。

其六

闲歌招隐笑含饴，柳长门前松长陲。
不把娥眉来世妒，已将第五傲骠骑。

其七

文章久已谢时名，僻处非关避世情。
用拙自知吾道乐，鹈鸰原上听嘤嘤。

其八

露葵朝折梦初舒，秫米新笘欲醉馀。
话罢桑麻询宦况，弟兄几个荐贤书。

出塞曲

阵云横卷将星高，猎猎秋风动羽旄。
扬旆平明屯渭北，衔枚薄暮度临洮。

其二

羌火烧云塞草枯，翩翩猎骑海西隅。
解鞍卧鼓平原上，□马千群不敢驱。

入塞曲

大漠空高尘不飞，新秋塞上草犹肥。
石榴红绽葡萄紫，博望遥驰宛马归。

其二

玉勒雕鞍拂紫骝，功名万里一时收。
燕支夺后无颜色，博得凝粧少妇愁。

尺牍

回陈赤石师

生不喜得一第喜藉手以报老师，老师复不以一第重生，而上进之古人，期生转厚报塞转，难矣。斗自惟生平富贵之缘染较浅，功名之习气较深。才一动念，便有浮气浮才佐之而出，而其根皆伏于富贵，迨欲以道德划除之，而把柄不在我，又未免为浮沉混俗之滥觞矣。

老师所谓"真心降心、忧世练世、择交深交"等语，真举世药石，尤切中生膏肓者。请事斯语，敢辞不敏？但书生面孔，入未深而出亦易，乍入樊笼，缘染习气。自今方始，不行不知其难，不行不知其易。吾斯未信。容得力后，更有以报老师也。汤老及翁太老师皆推爱有加，朱张两门生，亦各以所得一体者时与切劘。附闻。

与徐岐阳

别时不及握手为怅，计四月可抵宛溪矣。同门兄弟，如老年丈自可自信信人，弟亦不必作慰劳奖进语。惟破除俗缘，稍图净业，久久行之，便觉得力。"清明在躬，志气如神。"古人有言，实获我心，愿与年丈共勉之。但弟与年丈钟情既深，植缘自厚，自非猛力未易破除，寡之亦便得力矣。

拙卷二册寄览，辄有附寄殷赤宾年丈，烦觅便致之鸿顺，幸有以教弟。

答周某

　　读来教，知仁兄爱弟甚，然亦芟枣之癖矣。弟旧集多漫灭箧中，存者亦先后寄回家。弟大约生平无时文之嗜，其时寓目者，惟十三科会状，而前则戊辰、辛未、丁丑，后则己丑、壬辰、乙未，诸君尤醉心焉。下场固喜公安之苍、宛陵之峭、白下博雅，殆集其成。取裁之富，非试录不可。然不无芜杂，要以当科者，稍一披剥，得其菁华足矣。若冯宗伯典楚典燕，及辛丑会试三录，便可不朽。

　　古文正不欲作碎锁之学，自家丘明及子长、昭明选、庄、苏外，无杂嗜。然仅博一第，亦复不须尔尔。承问，略布其愚，倘不重鄙夷，容以暇日，挥麈纵谭之。经书二刻未竣，容呈教。

寄阮淡宇

　　去岁公车时，则闻甘心门下者，口相属也。已抵阙，则闻称冤门下者，又口相属也。迫窃第后，稍稍得从荐绅游，因得习其议论，则欲甘心于言，殆怒发裂眦，咄咄而向者。无已时，惟言者亦实不能以身为众射的，寻复蚤夜悔祸。曩之甘心者，转欲见德矣。

　　彼实于门下无求多，所求多者，彼中中丞耳。谓是门下，不能避所爱而予所憎。嗟乎！士诚有可爱，即爱者无胫至矣，又安能挟必憎以往，而以不周负子之术得当哉？即甘心者，自不能不转憎为爱矣，又何避焉？

苍生倚毗，正得之东山雅望，侧闻门下亦复不作深源，举止益令甘心者愧欲死矣。生与门下最晚出，交浅不应深言。要于夙昔扶植拔济者，交亦不浅。辄有原尝之私，托之崖略。附劣卷呈教，仝希炤督。敝同年中州阎调羹者，念门下甚，并附此道意。

与张望云太守

斗幸与门下生同里，虽先后进不同，然同时；亲疏分不同，然同气类。数者同矣，又何不同焉？惟是里中未数数。奉长者颜色，迨通籍又不获一字问居起。似此风马，安取枌榆？是斗所为私心急奉教于君子者也。况悬鱼在壁，扰鹿依轮，舆论孔歌正与乡评合券。此即千里百世，犹冀若肩比、若踵接，而况同里同时同气类如斗者乎？是用忘其疏远，辄有崖略。惟长者之素青目人于昔，岂其按剑？小子斗于今拜械以前，神已驰五羊城畔矣。

答方鲁岳侍御

当鹾政极坏，商民重困，天子特简明公于休沐中。急使前，毋亦惟是休沐中，得静观天下利病，一出而胜其任，必不若随世以就功名。举止允矣，鹾政之福也。鹾福而称西北饷额之半，省东南民力之半，即长芦以往将遵画一焉。是门下一举而苏商息民，振国家之急于沦胥以败之际者，福又不独一鹾政矣。

方今裂毗而争者，忧国以言；分计而筹者，忧国以心。等忧也，而大小虚实辨矣。况门下养之于不为，而行之于无事者，其为忧又倍万于恒，奚啻处其大且实者哉？斗列得中，行选除，计在冬仲。卑官初籍，不应侈口言天下。惟昔授典刑于门下者，岂云忘之？且以真来者，未闻以赝往也。

与凌某

名公以明德为廪，而望天下之腹，其于敝邑尤饱。德无量并鰥生，亦属在九里之润焉。何饮食人之无已也，感藉感藉。苦旌节远羁德教，方逊不获释。天子干城，为嘤鸣友生急，是用怏怏耳。靦颜拜贶，聊附谢悰。泄云朗月，同此凄清。不一一。

与林避商

君居西山南，我居西山北，登高顺风可相及也。不腆酒资，用助招呼之执。亡妻荒垅，托庇宇下，其无不戒于牧竖也。临发依依。

与周聚九

悲哉之秋为黯然之别，兼去住异踪，他乡送客。风云无色，失意离人，未免有情，谁能遣此？闻发轺定十一矣，诘朝过，弟为半刻之谈，何如？

与张恂所

弟所邀德于君门者，不可量亦不可报。先是儿女之约，甫申而欲焉。报之固终无期矣，不报所以为大德耳。郎君清姿粹品，远猷深心。弟目中所见未有数数，而枣苿之嗜，亦若偶属于不佞也，殆不可知已。生平自信未入堂奥，亦未入荆榛。世趋之外，别有自得得当。郎君或亦在是，然学步于弟已卑矣。所有劣卷，房刻一二种，固不敢不以献也。介旋勒此，不罄。

与戴玄升

去岁兹时，则弟与兄胥疏山中也。维日拈一艺，心毫为腐，而不衫不履，日与村妇婆娑树下，且或以西邻扑枣至勤，呵辱不问。新月方出，杯酒取适，意所得当，自谓无人。长安春色，应届指平分，而翎羽之分翔南北也，令人邑邑无已时。非直以追随之情生于习，则亦山河之异生于景矣。别来生事，窘束当亦甚，有随缘，无衡命。自士人自处，而此物与吾辈亦复不相能。浊其神者神去之，固不当以彼易此矣。

弟曩为士贫而苦，为吏贫而甘。等贫耳，甘苦皆从见生也。诚以为吏之心为士，又何苦焉？方叶诸兄可与切劘，奈何当身而失，惟年丈猛自惕也。徐侯长者，旧知同袍情，而弟且悉之，其同籍三兄弟，且一列名记存之矣。当不至以凉德报。而时事刻深之会，大率以裁省不求人为是耳。

与胡玉笥

出都门之惨，等也，未有切于吾兄者。惟弟策驴，故智接踵，有兄不穷，乌足为我辈哉？然弟双白在堂，百口在膝，一不疗饥之措大，处于俯仰嗷嗷相向间。重以时事刻深，人情萧瑟，开口告人为难，阖门辟谷未易。至此而言奋发为雄，徒虚语耳。然不发奋而营营饥饱以自溷于朝夕，是小夫之智而非丈夫所自处也。弟意来春，破累入城，游于方叶诸君以卒业，未必不实裨焉。而恐年丈之终难决矣。

答方鲁岳

再辱手书，慰诲提奖，宛恋笃挚，真仁者之言也。馆选偶为名崇，重负明德，要以精白乃心，靖共乃位。何官不可致身，岂必金马才堪托足哉？且藉此虚名，勉图厚实，又以不尽人之情者，为后享之地矣。门下以为然否？前教职守，性地稍不相宜，鄙谓皆生于习耳。性则何所不宜哉？

坡公有云："一点圆明，正在猪嘶狗嗥里。江河鉴物之性，常在飞砂走石之中。静中推求，恒苦不见，忽于闹里捉得些子。"吾儒所谓"无入不得"与经云"实性不相违背"，似出一口。政恐一向随顺无明，全无把柄，以为无入不得，则其违背有不可言者矣。门下所为厌苦之意，又乌可少哉？不厌苦则不能照点自家，此亦练习一法也。敬因明问及之，不自知躬之不逮甚矣。彼中督学陈赤石老师有道气，可与商确性命，亦急得海内素心人，曾一悉门下虚怀矣。风尘外交，何可失此人乎？

与范明皋孝廉

别来时觉萦怀，及得手教韵语为慰藉。惟弟知兄至情重、世情轻，因以至情重世情，此尊恙所自来也。但能稍轻之，而世情至情俱得矣。倘亦弟勿药之瘳乎？弟与兄不同籍同臭味，又同落落于骨肉间，又同关切，敢抒一二衷语。新令君慕兄才品剧，非弟所敢任齿颊者。

与李公如榴

力田如吾兄面，后卤莽者收，殆不可知，如弟草草真卤莽矣。吾道之成，是在仁丈。弟与粤同籍者七，皆谬推箸契，每会未尝不叹仰仁丈，幸仁丈益自爱。弟即不与同籍，又同声气矣，是乃所为真同也。彭君来，勒此居起，心之弗遏，音其母玉。

与方本庵

曩习闻长者绪论，茫如也，及远长者而若有思焉。以斯知不游烦浊之境，不显清泠之渊。而门下之兴起，后学易而有亲，诚而能动者，可见于此矣。《易》曰"鹤鸣在阴"，其子和之，非有鸣者必不和。然使鸣者有心索和，而和者拟心以就鸣焉，不成和矣。斗曩之不知和也，无心也。今之若有和也，亦无心也。岂鸣之感者，有不言之契耶？

今之号登坛者，大率以有心之鸣，索有心之和者耳。又况以鸾凤之音，而强枭鸦之和者哉？故不患不和，而视所以鸣。惟门下裁教，士不必生同时、居同里，千里百世皆在阴也。愿门下之时有以唱之。

与金高二师

由、求即才不应，先夫子试政事也，乃以政事付由、求。夫子若身有之矣，况其为期月三年者，方未艾耶？惟是乍入畏途，兼之冷局，随世则变塞为羞，建明则出位为罪。日索米长安，图侏儒之饱，苟且竿牍，学小夫之智而已。居卑贫自有道，愿老师终教之。家君想日共晤对，诸所不逮，勿恤匡扶。

与吴灵麓孝廉

弟居恒谓有第而不尽才者矣，未有才而竟不第者。即有之，或其横溢格外，放浪为高；不则标赏意中，但取独解；又不然，则其潦倒志衰，辄苦徙业而中废焉。未有才而及格，又方新方锐如仁兄，而患不得当者也，最患贫为祟耳。要以丈夫自处，亦不尽然。同袍即贫，差强于诸生，诸生不苦，而同袍苦之乎？

凡此皆生于受享之习耳。若能破除俗累，一意攻苦如诸生时，又何贫之祟焉？草草如不佞弟，洵不足数。曾亦病兄之病，故辄以所自信者信兄，幸吾兄益自玉以见吾道之成也。新令君向同倪姚两兄力口之，即兄不以借颜色为光，然持向娓娓举子业，固知己矣。

与张怀卿

斗获分趋庭之馀，得有今日。因以不负长者勤，施还为长者慰藉焉。幸甚幸甚！政恐犹子之欢，不胜亡友之怵耳。君家玉树参差相望，天勤明德，固未有涯。而吉人复以其旋之履考之，或益之来，有违且弗克者矣。

斗十月例得中翰职。闻此中颇闲而冷，闲则可藏拙，冷则吾素也。引分营职可幸无戾，处卑贫自有道，惟长者时教之。介旋勒此兴居，并谢前雅。凛秋寒剧，伏惟自玉。

与盛菊泉方伯

海内诵明公，休问甚盛。斗得以枌榆之末，代父老之口，亦自幸甚。惟时事孔亟，当宁髀拊不遑属者，五龙并起于田于潜，而东山枕高，北窗脚企，殆非所以副简在而答苍生。即斗一闲曹小吏，伫望典刑有如饥渴。窃谓巢、许可弃《唐虞》，尼父不可弃《春秋》，明公以为然乎，否也？管窥不见天，固好言天，惟明公裁察。

答吴观我太史

桐才如掌耳，有门下及康侯，安得复有不佞斗哉？惟末流易波，今且及溺，以失易得，各不相为，非激论也。诸勿问不朽业三，不尽系是，政如大海一沤发耳。认取幻身，执迷虚贵，又介介辨位置崇卑，且攘臂而争焉。

凌虚一尘，群蚋共搏，以当慧眼，可堪一哂。果尔，安得康侯之剑不得雄，而门下之不可弹冠志快也？惠教欲了尘相，妙指、妙音振我特甚。窃谓了尘相易，不离尘相，证实相难，不证必不能了，厌离求了，已不了矣。门下于此久了，了者自了，了他作何。终振之役。旋勒此起居，并谢付佳贶。凛秋寒切，伏惟自玉。

与齐群玉

盖世有至文焉，不知者不知之，知者不深知之，是可怪也。若夫不知者不知之耳，曷怪哉？且士又乌肯以其所不知，易其所知也？世固终不乏深知者矣。弟所值名士，无不首询兄、冤兄、怜兄者。弟谓有长技足信不受怜，有大物足偿不受冤。即冤且怜者，未尝不心折弟语也。许灵长急得神君去，去桐才一衣带耳。歌秋风词，取太平路，北装有代束矣。

与何虚白民部

人谓秘省闲，就中料理自家事亦不闲。乃半从马箠、杯酒间消之，馀则所至乞羞，相逢称贷而已。闲局不负官，官乃大负此闲哉！仁丈何以旦暮教之，使不为悠悠者续？勿第以青琐皂囊，为后来妄想也。

门下素心乍入热途，闲情遽投劳局，似职守性地稍不相宜。弟谓不冷必不能热，不闲必不能劳。若一向热闹劳攘者，到此一味糊涂矣。至如陟屺心劳，正须强以王事，贤劳解之耳。未审管窥之幸有当否也？新都潘生极、吴生师禹者，先后各有东方之事，又皆与季君凤契。鼪鼬之径，方喜似人，于其叩阍，或一使望尘为德。若云以门下为息壤，而弟从臾焉，则舌有结矣。不周，风凛边徼，尤切多方，自玉。

与徐肩虞父母

斗不肖，获于雁行称兄弟，又得于宇下称子民，邀缘厚甚，抚心幸甚。乡人来者，徵荣任期，又间述初政，不第庆父兄子弟托庇二天。即桐之父兄子弟先后循良踵接，若久游光天化日之下，而忘其阴晦焉。则何以得此于天也？令兄竟借重南陵，南陵去桐襟带耳。又姑熟孔道，而姑熟主人则项为老时，得借真指君为德星之招焉，亦大快事。令贵邑乔讱翁真长者，天若以此君代为桐报之。独弟滥竽冷局，漫无建明，今日乞祭差，明日乞葬差，日伺在任、在籍之大老。耽耽焉殆学矢匠之术矣，可为一笑。惟是引分营职，就中亦自难报塞，幸台台有以终教之。

与孙镜宇

俚语书卷上请政，政所见如此，不自知其谬也。幸直教之，别书纯阳二诗扇头，以赠远游。其云："学道先学贫"，弟与仁兄颇近之矣。附青钱三百文，少佐芒屩之需。归来分丹砂少许，疗我恒饥如何？

回房公<small>壮丽</small>

不佞斗生平佩服典型，如临师保，暂远德星。便欲借重吴门，而江右先得之，至今犹怀怅怅。水利一事，不佞以一片痴肠，持此腐议，不谓省直略见举行，而且先行于贵里，不远之则可借以风。从此三辅之民得脱枯肆，皆老公祖明德之馀也。

不佞何功，敢以为谢？敝差苦无多钱，谨檄助伍拾金，用乐厥成。为语田畴子弟，世世习之勿忘也。役旋附复，不既愿吐。

回胡公<small>思伸</small>

天津屯田，知久在台神，且屡见批详，将旦暮见之行事矣。不佞东巡时，复亲往其地，见平原沃壤，一望数百里。且河渠沟塍强理，一一具在，遂不禁神往。议欲复前人遗迹，以赞台臺新猷，而不佞且代矣。只得仓卒具疏上闻，且星驰请教，就中加衔本道，及改衔本判，权宜责成，不得不如此，谅台臺有同心也。

念此数百顷者，不过怀隆绪馀耳。倘不以为谬，更得大疏一言，则事济矣。至卢判官卑任重，心力可嘉，而嫌怨不少。全惟台臺嘘植之，方得一心营干此事耳。

回董公应举

卜素仇杀，重厘庙堂之忧，知台臺处之，定有胜算矣。犬羊争骨，未必非利。但谨固桑土，我自为备，不必问之兴衰可耳！敝差且竣，将已倦飞。敢再辱贵乡以为大命，羞乃雅怀，则篆刻之矣。

回薛公国用

台臺方抵辽，而长安得饱眠甘食，皆明德之馀也。□情未衰，胜算未得，识者有隐虑焉。阅来教及书稿，远猷鸿略，具见一纸中。此真经台之忠臣也。弟共事地方，忠告自不可少。恐悠悠不谅，以为同里同舟，或有异意，脱有从中衅之，而大事去矣。不佞亦台臺之忠臣也，休戚实与共焉，敢不忠告？

与袁公应泰

自台臺出关，而庙堂安枕矣。惟是□氛方恶，我气未扬，局内人思登坛，局外人多掣肘。有一于此，足以败事，而况兼之。此今日之隐忧也。伏读大教，犁庭之举，尚难欲速。台臺若已深握其肯綮者，利害在身，安危在手，是非在心在口。如近日城，抚顺收降，□请用人诸项，似当据真见闻，明白告之君父，告之朋友，不必一一照管也。台之见以为何如？诸不既愿吐。

回郭公之琮

维阳循迹，岩塞壮猷，如老年丈者，当在龚、黄、韩、范间求之也。迩自东方，匪茹各边蠢动，老年丈扼西以撼东，攘外以安内，其功尤不可及。冲圣新猷，劳臣异数，方来未艾。惟益为国自爱是望。

回沈公珣

瘴区盗薮，无日不为年兄苦。今且去天末，而依光日下矣。清憩数月，即当叱驭而前，共事冲主，以佐时艰，毋久优游里门也。别谕矛盾者二，读之绝倒。张少司马自奇男子，迹其在黔则苗伏，去黔则兽攫。此老一身系雪山，轻重明矣。

按臣旧为代天，夜郎急见汉大，故鼠子敢尔。乃其下马罗拜，居然张忠定遗意焉。亦何碍于摇山岳也者，而欲匿之讳之乎？由斯以谭，矛盾不得一焉。年兄得无谓弟善解嘲乎？亦当为一绝倒耳。

回胡公思伸

不佞居常感慨吏治，庶几身亲稍得一当。及至当境，而"察吏安民"四字，茫如也。甚矣，躬行之难也！乃蒙台臺左提右挈，免于大过，为幸已厚。别谕屯事方开，庐判气锐，就中掣肘之虑，真已洞见肯綮处。此时势不得不尔。总藉明旨，以责成之，用至诚以感动之，而全仗台臺之威德以主持之，庶几其有济耳。钱粮苦无凑手，不佞勉为设处三佰金以应急用。不佞代矣，能问一篑，不能问九仞也。

回袁公应泰

读台臺屡疏，不觉喜而舞，怒而号，又感而欲泣也。惟是城抚顺一节，今日第一紧关事，亦第一件难做事。城则必争，争则必战，能拒之于关外，而后能歼之于城下。能必战以诱之来，而后能不战而驱之去。庙堂为此殊其难其慎，想台臺虑之至熟矣。似不妨明白声说，以听圣裁也。如何如何？

回余某

不肖斗维桑后进，向往台臺者垂三十年。当癸丑之役，断梗孤根，又出手自培植，竟未一望末光，可谓相与于无相与矣。冲圣当阳，政行流水，一时结绶弹冠，遭逢极盛。翁台丹心久著，道望夙隆，似当早为一出，以答主望，以慰舆情，匪直同乡后进之私也。某质直暗陋，不善趋时，信理、信心期无于愧。谬承大教，字字格言，敢不齐心献之当宁？

叶相公台山

今世所推社稷臣，则首称阁下。而首犯时忌，百计摧残者，亦惟阁下。此忠臣所以寒心，而义士所为发指也。斗忝天子耳目之官，与闻当世是非之概，而坐见荃蕙为茅，兰芷不芳。中夜循床，当食废箸者，不知其几，非为阁下为社稷也。迨至轻犯狂锋，力剪元憝，赖诸君子黾勉同心，复见天日。而糠秕在前，瓦砾在后，就中簸之扬之者，千态万状，又赖诸君子先事廓清，临期底定，得有今日，亦非为阁下为社稷也。

盖至今日，弯弓而射者，日日为覆楚之谋矣。阁下且有东山之枕，未可轻掷一语矣。设局转奇，布著转下。至于君父安危，漠然度外，鼠子敢尔，安问其他？一时鲁国男子正不乏人，此又非为阁下为社稷也。以天之道、社稷之灵，山鬼伎俩会有时尽。只在仲春见清明，而阁下之安车蒲轮，此其时已。

方今主上幼冲，中外多事，一柱承天是在阁下。惟阁下为社稷夙驾，幸甚。斗新进，孤踪生平，未通左右，辱手函先及慰诲勤勤。辄因羽便，附布腹心。忘其疏狂，临楮竦仄。

回黄汝良师

先是从倪门生处奉老师手函，奖借推许，匪不肖所敢承。然不敢负君以负师，夙兴夜寐，是用凛凛耳。居恒以匪躬浣群之义，入告君父，出告朋友。而物论难齐，由来已远。兼以主上冲年，宸断未定，喙喙之鸣，谁与正之？恐太平尚未有兆，一时耆旧，俱觉晨星。老师应运而起，以未报之先帝者报吾君之子，而令不肖辈奉以周旋，庶几犹有回澜之望焉。

公论大明，得此番一争而愈畅，从此顺风纵壑矣，慰甚慰甚。一役已遣，而尊使适以恭慰至郭。门生以为可附致也，遂不敢以戈戈者重为邮传累。凭楮悬切。

又

顷者，两月之间，遗弓再泣，浃旬之内，访落重新。虽幸社稷之有灵，可谓国家之多故。最怜先帝为太平令主，老师为讲幄重臣。若使少为岁月之留，当立见一堂喜起之盛，而求旧虽殷，弥留不待，岂惟某等无色于班行，抑亦先皇不瞑于天上？今皇幸志存继述，而朝议共切典刑，覆瓯在即，俟驾未遑矣。惟是细人一二之姜菲，遂致元老十五年之林壑。既不能直排阊阖，又不克拔茅连茹。仅得遵奉诏言，因缘启事，似此门人，何当国士？至若光斗受恩深重，报礼寻常，循省浮生，真堪愧死。属以巡历方竣，拟通半笺，而鸿羽有因，附上一牍。不腆芹私，知在慈鉴。

回刘父母时俊

时事如此，而名贤再蹶，此其关系不在老父母一身也。衡泌乐饥，老父母有何不得？只恐疆场有事急起，异人于峨眉天半，将骎无及耳。念之耿耿，惟老父母益为国自爱。不佞巡归抱疴，几无生理。入春，始简手教，勉答数行。诸不既驰恋。

回吴伯与

弟屯田数月耳，而水利之行十三四。此三四者何补于国家？亦聊以见西北自可水，水利之事自可行。留不远之则，以破非常之惧，是不佞弟之本怀也。近亦议通行秦晋间矣。不佞弟喜其行，而复虑行之不得其人，犹不行也。而将来大行之路，更无望矣。翁台以为何如？台兄饷事哀鸣，口不绝声。可惜千秋后，读大篇者，正得哀而不伤一种性情耳！羽便附复，不既。

寄王公象恒

某在班行中，辱老公祖知爱最深，提诲亦最切。乃福缘深厚，再托宇下。盖润及三吴者，老公祖明德之馀而润及不佞斗者，则三吴之馀也。欣佩欣佩。先是报命匆遽，百节俱疏。回首泰岱，不胜仰止。

回安阳县李某

不佞知安阳，非知门下也，亦愿门下知屯马，毋知不佞而已矣。水利盛行，世泽不朽，即不佞知门下与门下知不佞者毋出此。若更以数苦之馀，为民间濡沫之用，是即不佞身受之也。附复并璧谢，不既。

回王公复兴

方今之世，传舍其官，苟且其政，但得无咎无誉于职以内，足矣。安问其他？若夫一心营饷、一心营屯如台下者，举世未数数也。此不佞所以心服也。小疏何足重台下，而烦致谢，且重名德以滋愧。役旋，附复并璧谢。诸不既驰恋。

回熊公尚文

接手教，知福星指楚矣。遥思旌节所至，墨吏望风，苍黎就日，定有洒然一新者。惟是典刑渐远，无可就正。当此赐履之辰，预卜弄印之待。惟台臺益为国为道自爱，不宣。

回解公经邦

　　自重镇得名臣，而至尊无忧社稷矣。慰仰慰仰。惟是外讧内虚，殊无长策。未雨终日，尚厪台神力破积习，而整新猷，非台臺其谁望焉？远勤惠问，足仞注存，附复不仞驰结。

回河北道吴公瑞徵

　　门下鸿猷骏烈，小疏不足揄扬百一，敢烦致谢？至水利一事，大河以北，遂当中州，三之二非门下苦心擘画，安得此？但期实迹实效，百世而下，尚有歌咏明德者，况于身亲见之者乎？若夫相与于无相与，毋更以捐俸为明命辱。

回晋州王公纲

　　才品如年兄，岂以不佞一言重，年兄自为重耳？庶几夙夜以永终誉。惟深念之，相与于无相与，毋更以捐俸为素心累。

回济南推官张公应辰

　　门下非山东一人，而天下一人也，声实茂矣。司李之日浅，而伏蒲之日长矣。夙夜永誉，以俟殊徵，念之念之。别贶足彻高谊，但相与于无相与，愿与贤者守此古道耳！旋役附复并璧谢，不既。

回宝坻县许公都

　　门下清真挺劲，卓冠一时。小疏未足重门下，门下自为重耳。疏渠一事为地方除数百年大害，而孝廉倡率，更溢前报。门下世泽不朽，即不佞受赐不朽矣。惟是附近京师，耳目难欺，若其不实，他时必有藉为口实者，惟门下念之。景府钱粮顷已具疏题明，该县以四十七年入册充饷，奉有明旨，更不得纷垂涎矣。附复，不既。

回兖州王公隆德

　　方今荐剡之章数多声过其实，若称之不尽，当之不愧者，惟年丈一人而已。见新报山东卧辕、江南骑竹，去思来暮，惟此一时。不佞滨江之人也，又不暇为地方而为故乡矣。别贶用情甚盛，素心之交，何以有此？力挽时趋，共敦古道，愿与年丈守之。

复黄汝良师

春初一函附奏慰之便，不肖随有学政之役。自季春出都，仲秋始返，意老师将已抵任。乃奉大教，似若不肯轻一出者。方今圣政初新，人惟求旧。老师以救时名硕，应侧席虚揆，暂借留都，旋当大受，似当为冲圣为危时勉焉。

一出所谓王明并福，非直门下私冀而已。承教以屯田，□奉诵再四，岂但金城之方略，抑亦隆中之款言？而当事者不能行、不力行。今河西石米十二金，人日食三钱不得一饱，而犹日言进取、言恢复、言扫穴犁庭，正老师所谓争利侥幸，未见其可者也。前小疏中以便宜略见举行，适当改差，遂不克竟然。什一千佰，尚存其遗。异时老师秉揆，而不肖以牛马备驰驱，或一用其所未足可耳。

回中丞王公象恒

奉手教，知福星东指矣。江南积怀有年，缅想旌节所临，墨吏解绶，穴鼠潜迹。不但丰芑之幸而安中国，以绥①四方，其于削平□患，实首赖之。而地方父老子弟之荷戴，又其馀矣。某某待罪学政五阅月，始完科场之役，喜故国之有天。复念典刑之渐远，举目回首，徒有詹驰。

校记：①《乾坤正气集》作"绥"。

又

秋气渐高，□氛未殄，临风有怀，对月无色。所赖长剑倚天，巨灵镇世，使秋色满长安，而桂香浮广陌。颓然一酌，真不知身在异乡为异客也。

回青州、莱州府

门下循卓之绩，小疏不足尽百一，乃烦致谢，以重不德耶？时事多艰，兵荒交至，此时为二千石者，劳来安集，倍极苦心。不佞无以佐官家急，敢复以捐俸为素心累？旋役附复并璧谢，不既驰恋。

回王公国桢

不肖之四阅月而完场事也，几以身殉之。虽桃李无言，而宫墙之下，蹊深一尺矣。老公祖独念及劳人乎？东事大可虑，守与进皆无成算。事急必调通兵出关，事缓谓通兵可已耳。老公祖但料理现在之兵，为他日一臂之用，一切人情缓急，且置不问何如？

回吴公光龙

东事决裂，神京戒严。天虽与以闲暇之时，人尚无绸缪之策。误不可再，幸不可徼。宗社安危，未知定局。即弟等一腔热血，政不知洒向何地耳？年兄夙抱壮猷，政当出而为至尊分忧，而还朝之期似尚欲迟迟者，抑何以慰将伯之望哉？

回张公之厚

延镇非无事之地也，赖长剑倚天，遂得羁縻无恙。以故庙堂之上，得并力于东，而不谓日削日单，渐至空国。□亦蠢蠢动矣。虽壮猷元老，屹然长城，而此□蠢动于西，则东方之□益不可问。此举直关庙社安危，非关一镇也。辑众固圉，及今或尚可图，知台臺不遗馀力矣。远勤惠问，倥偬中何复及此。附复，不一。

回饶公景曜

人心酿为世道，世道结为国运，其在于今已矣，夫复何言？而与国为仇者，尤有一息尚存，不容少懈之意。正人何计而得全，国家安得而不乱哉？言者来历不可得知，时局阻抑，异己阴嗾，或俱有之。而京营一缺，即有攘臂而夺者矣。此时抱膝吟《梁父》未必非福，而京营付非其人，此又关国家之运耳。言之耿耿，清议自存，鼎望不损，幸益为宗社自重。役旋，附复不既。

寄刘父母时俊

天生老父母以卫社稷，乃人尼之于东，而天成之于西。西事成而仍以东事付之，盖不如是，则豪杰之功名不显，愚人之耳目不信。此天所以为社稷也。露布有期，还朝指日，不佞子民且赓壮猷之章以俟。若但了西事，而东贼转昌，恐贻明公之忧方大也，念之耿耿。

回李公成名

台下在齐齐重，在楚楚重，行且以两地卓异，借重卿月矣。望之望之。舒泰老雅相慕，缁衣笃好，人有同心。惟是时事多艰，日甚一日。西变未宁，东师再溃。泥丸难封，烽火将彻。台下心切，震邻忧悬，根本将出，何策以匡时，而且教夫迷阳者？念之耿耿。

回许公霞城

海内所称真经济、真肝胆，必首称台下。而属在维桑，此吴会光而宗社之福也。惟是东事孔殷，西兵再变，异时为明公之忧方大。而吾斯既信好谋而成识者，已知隐隐大云在宝婺间矣。

回徐公宪卿

　　每读台臺封事，热心苦口，辄令人感愤凄惋，不比于寻常谏草也。东西交讧，当府庞杂，洵如台谕。近且倒持大阿，恣行予夺。如近日夺廷推等事，二正之季所未有者，偃然为之。吾乡倪王诸君子得去所矣。恶不可为，善亦不免，吾辈将奈何哉？□骑将来，廷议未定，不能挂冠神武，但有抉目东门耳。故人犹复以缣丝相念乎？

回马公从龙

　　淮阳非无事之地也，有事则祸先受之。读老公祖奏记，为之凛然。而国家方东惊西驰，汤沐之地，一切照管不及，此为明公之忧方大也。奈何奈何？往快壮志，扣工食之议，原属苟且权宜，国家只当缘食以责兵，不当因兵以废食。不佞曾屡向当事言之，不自知其有合于台虑也。此东南之福也。

回卢芳林侍御

　　夏初得手书，知尊体大安为慰。入秋晤邓泽老，询起居而后快可知也。不佞弟急遽受事，昼夜为劳，皮骨仅存，神理都尽。惟是从放榜之后，知得售者大约皆伯乐，顾盼之馀未尝不沾沾自喜。庶几不失规随之义云尔。久稽修候，怒如胸春，不腆一芹，聊抒积素。时方严寒，为国自爱。不一。

回易公应昌

自老公祖照临敝乡，斗适有科场之冗，昼夜拮据，卒卒无须臾之闲，通候左右。惟是严霜甘雨，日与父老子弟忭戴而已。方今东事孔殷，西兵再变，战守既无长策，抚剿亦无成谋。号泽窥关，万一蠢动，长江一带必先受之，恐老公祖之忧方大也。目前，不必更言东援西荡，但团练乡兵缮修城池，各保地方意外。如近日之守延安者，便是急着，而又在有司善奉行德意，毋为百姓扰。此则地方莫大之造耳。

回陈公瑛

恭惟老公祖台下，熙朝鼎吕，盛世琼璜。道德继以文章，事功本之学术。曩在二东，窃聆下风，私心自念，安得借覆露于汤沐重地，以造此江汉之民，其有瘳乎？乃竟如夙愿，殆有天幸，非人力也。接手书，知福星俨然照临。遥想襜帷所至，草木皆春，萑苻雨化，惟是长江亦渐多故矣。

楚据其上游，而吴当其下流。卒然有变，祸必中受之。计诘戎振旅，一破往日因循而新元戎壁垒者，老公祖已筹之豫已。地方幸甚，不肖幸甚。别贶种种，非子民所克负荷。谨登盛程，以识明德。若置之襁褓之外，而以旧谊相遇，是罪不肖也。附复并璧谢，不宣。

回杨公述中

方今东事方殷，西兵再噪，而台臺以只手扶日，自今之东荡西平，天生一人以卫社稷，岂偶然哉？伏读大疏，似已尽得剿抚方略，而谭笑指顾有馀裕者。敬服敬服。度此时，贼外困于秦氏之重围，内迫于安氏之捣穴，两无所归，必出而四掠，而贵乡无宁围矣。又安氏大得志，亦将有后忧，此不可不辱明公虑者。

回王公祚昌

不佞往在屯，概未受谢，同事郡县可问也。即甚知爱如令郎，亦未敢以异同取罪，况道义素心之交如台臺者乎？夫桥梓之爱不佞，与不佞之受爱，俱不在此。幸炤亮容面谢。不一。

回李公某

忆与翁兄同在中行时，寒酸声气，欢相得也。乃翁兄八阅南曹，一麾西徼，声气依然，而闻问遂阔矣。南中疏至，甚为骇愕，接大教乃知龃龉之故。惟是时事多艰，西川更剧，塞翁之马，未必非福。翁台品望日隆，不过稍需数月，即补重地耳！别揭，谨心识之。

回熊公奋渭

　　方今循良卓异，为吏治第一人者唯台臺。则他日柱世救时，为台省第一人者，亦唯台臺。世道之幸，知己之光也。慰藉慰藉。辑玉已近，内召不远，贵乡即号多材如台臺者，自应首屈指无疑。幸益为国家自玉。

回韩公初命

　　见门下于深州，即为国家庆得人，方拟特疏上请，而经公过蓟，即以鸿才相属，遂蒙谬信而特闻焉。此宗社之灵也，亦经公之幸也。门下试出策倭策苗之绪馀，度贼情若何，战守大略若何，聚米印泥，必久有成画在胸中。幸便中一一示我，毋以冥冥决事也。干戈抢攘，何复念及故人，敬以佐军中投醪万一，并心炤不既。

回高公某

　　以才品如翁台，仕而厄，厄而病。天几不可问，而竟以一七霍然也。赤松佐汉，白衣兴唐，岂偶然哉？□事日棘，举国无人，世自求明公，明公岂求世？但大疏不专，云□而引白，前诬银台踌躇，恐亦为此。惟是天欲太平，舍翁台其谁？惟益为国家自玉。

回钱公_{继登}

　　往在都门，辱在投分，而窃见白云之司有廉而法、静而正如台下者，实心向往之。一麾出守，邈焉河汉，乃江右穆如之风，时时到耳。私衷窃自慰藉，黄金玺书，将知已有馀宠焉。

回吴公伯与

　　翁兄才名，推倒一世，亦遂受一世之颠倒推移。数年以来，变态略尽，弟静观所最悉也。

　　近日江右缺出，弟首举翁兄对，而疾足者至六七辈，遂令主无置耳处。大约时套，为地择官，每一缺出，人先授意于地方之显者，因迫得之，而且以为德，而且以为偿，主者受成而已。

　　翁兄落落于此未能也，此所以终苦于疾足也。惟是声气应求，地方自有呼而唯恐弗得者。翁兄亦试于其所应求者一道，意而不佞弟乘间从臾之，开在兹之文，而佐以当宁之化，其有幸乎？不一不一。

回方公_{学颜}

　　昔在青毡，今为赤县，春风化雨，随在而沾溉也。慰甚慰甚。作令无他道，拿定"洁己爱民"四字时时提醒，自有美意良法相并而来，其根源只是不离秀才寒酸气，便是不变塞、真本体、真作用。惟门下思之，远勤惠问，足仞高谊，附璧不既。

回天津道某

天津屯事，不佞初小试之耳，遂小小见效，纤毫皆门下造也。习射一事亦偶行之，诸生鼓舞似亦有机。远方慕义，辐辏而至，开设屯学，小之为军兴之济，大之为地水之师。不佞于此有远心焉。往在屯不得问学，今在学不得问屯，唯屯学二事，是不佞所得问也。门下其商度一切可大可久，以贻将来，泽之无穷。不佞愿与门下共图之。

回李公梦白

某津门领大教后，即有衡士之役。皮骨仅存，心血都尽，卒卒无须臾之间一候左右。每念台臺筹剂苦心，经纶巨手，海水可枯，此劳不可泯。至奉手教“一身四易经略，三易督抚”之语，直能使无胸之人皆作有情之感，而况凡百在位者乎？

不肖斗半年不闻朝议，入都，闻将有虚席以待台臺之人者，冲圣危强，恐非名硕高蹈时也。屯政稍获，纤毫皆出台臺筹画。前见卢倅乃知之，台臺可谓美利不言者矣。敬服敬服！

回王公国桢

方今东氛未殄，西变再兴。战守剿抚，茫无成画；而中朝之上，议论日烦，成功日寡。中旨频颁，大权渐落，由此而无变计，恐终非太平之象也。老公祖竭力支撑，劳苦功高，而事事掣肘。呼人不应，而又以应人之呼，急则需，而缓则弃。今之事大率尔尔，可奈何？承教闻命矣。

回熊公秉鉴

楚蜀咽喉，全在于荆。贼即无大志，西南之祸，复继东南而始深哉，台下之为虑也。不佞二年前便谓："此日以天下供□而不足，他日以□亡天下而有馀"，殆不幸言而中矣。此时劳来，安集全费，明公苦心。王文成与伍文定事业，台下自优为之，不必仰望庙堂也。远承惠问，足仞注存，附复并谢。时事多艰，愿言自爱。

回诸葛公升

定远甘棠遍野，而树者先受剪伐矣。往事真令人抚膺。徐太史数为不佞言门下治临状，殊心向往之。而不佞往治屯亦略有效，欲得一当以用门下。而用人者悠悠泛泛，艰如转石。又不但寒地寡援，穷途易掷而已。时方议大修屯，如门下者自当首举。惟益为国家自玉，且晚当有量移也。

与陈太守

不肖某徼梓荫河润，亦既有年，乃蹯蹐高厚，缺焉起居，非敢忘之。惟是代父老子弟，日致舆诵于辇上。而圣明亦杂采风谣，以为玺书之用，则就日长安者，政具依眷冕下者矣。

兹当较士之期，冰鉴在悬，人思得当，乃斗更有献于老公祖者二。科举之额太窄也，儒童之限太严也。桐即偏处江陬，于海内为仕国，青衿五百有奇，而科举不满四十。每一科试，望贡院如登天，望学院如登第。忆庚子乡闱八人，而科举之数才四之，何以鼓豪杰向用之途，开下士矜奋之路？即不能比于苏常之例，亦宜仿休歙而增补之至五六十名。所仰望于老公祖一也。

桐之儒童五千有奇，入府仅十之一，入院则百之一，入学则百不得一矣。甚有白首穷经，不得望见提学者，言之可为酸鼻。夫上之人稍尘乙夜之览，而遂慰士子三年萤火之心，了一生蠹鱼之愿，何惮而必靳之隘之？今即不能骤开非常之原，亦宜额送三佰馀名，而进学之数三取一焉。所仰望于老公祖者二也。

忆丙午之岁，正学台造桐之时，力请于当事，儒士科举七名。此皆近事，又学台所已试事也。夫学台节不以畏垒私桐，桃李比桐，然抱璞而怜、茹荼而苦者亦既身亲之矣。然非老公祖极力主张，则孰与承宣德意而成千载之一时？不揣欲老公祖乘多士之愿，开不朽之功，令科举取额若干，儒童进额若干。一请再请，得请而后已。不但鹏鹗秋天，乘景运而兴者多多益善，即前规后随，永著为例。

老公祖之树人者，当与天柱江汉之灵，世世同其高深矣。不宁惟是，涂辙既宽，奔兢自息，才者绰然于进取之途，而不才者安守其不为之分，风俗教化又未必无小补焉。僭布狂愚，惟老公祖留意裁察。幸甚！临楮主臣。

寄孙相公恺阳

自鹿杜两公入京，而关门事始在人耳目间，然犹有不可尽信者。而不肖乃得从鹿公朝暮咨诹，不但抒鄙人之杞忧，兼悉幄中之方略。盖梦中起舞，东望加额者，不知其几矣。进取之图，庸议毕竟难之。不肖固知易辨耳，而不敢以为易者，念斯事体大，请而行则挠于目前，便宜行则挠于事后。成不成皆有挠法，将来之守不守又有挠法。阁下即欲一切听之，而有不能也。阁下不如乘此时，一来面告皇上，并告举朝士大夫。直使不能任不肯任者，一切委心缩口，而后将帅三军一鼓恢复，随仿藩镇之意，如国家沐镇守例，而以一忠干通侯永永守之。阁下仍以汾阳入掌中书，此则万全之算，而可为明主言，并可为庸众道者也。不但此也，武侯出师，宫府一体，三致意焉。

今南北司如水火，而斟酌损益亦无有，为攸祎允之言者，奉孤主为守府，而刘士命如刲羊。怨毒已盈，萧墙虑迫，此殆非阁下成功于外之时也。王文成之平逆濠也，功成有戒心焉。杨文襄之平安化归也，攘而兼之安矣。不肖愿阁下先入为文襄，而后为文成。管夷吾卑卑不足道，犹未有舍尊王而攘夷①者，况其上焉者乎？不肖归矣，即阁下未必见采，且存书生此言，以当为嚛。

校记：①《乾坤正气集》作"夷"。

与张公貌姑

《易》曰："德薄位尊，知小谋大，力小任重"，若为不佞设也。寇之致也迟，已手教云云，深得治世肯綮。而当事心肠大热，行之略欠条理，亦有匡救所不得者。总之，行祖宗之制且不可，况于变成法乎？至于权阉乱政，四年于兹，士大夫不得志于清议者，委身以从之。初走险以求胜，后乃毕智以效忠。

如近事见于邸报者，台下想为寒心。政本之间，半是刑馀之气，所不受变者，仅蒲州一人耳，然亦岌岌矣。士生其世，不为陈蕃、李膺，则为五鹿、充宗，乃知古人，耻不与党，良非得已。台下定识定力，可以持世而转世者，幸益自爱。宋之元祐诸君子，终托于韩魏公也。他日当思不佞此语。

再寄孙相公恺阳

今天下有两大忌焉：不仇□而仇御□者，不嫉珰而嫉不附珰者。有一人焉，力倡大义曰"御□者有功，不附珰者无罪也"，则必群指为不祥，而仇且嫉之者更甚。此不肖之祸所从来也。

蒙阁下诘以尽言，夫言未可尽，尽言而得祸益深，此中自有大主张者为之。但道阴而事，丑发之大，骤负不义之名于天下，未免暂慑而不敢动，而势已成矣。安得阁下入而主持之？缅惟昔年故辅，托身保竖，流毒仕绅。不肖等奋不顾身，剪此大憝，而阁下从中维护，得不焦烂其首，今日殆有甚焉。惩前毖后，安得不令人思阁下也？阁下早入一日，则早贻善类一日之安。不肖去，妇也！何敢复问梁筍乎？临楮，耿切耿切。

回叶阁下台山

知几其神乎，阁下之谓乎？不肖劝诸君子力留阁下，固逆料其有今日。而不克如区区血心者，天也，数也，命也。至今日乃思阁下甚，因思不肖之言，然而无及矣。乘时势之极变，用人情之极思，阁下蒲轮之机动矣。五阴之剥，七日之复，只争阁下一身去就耳。何也？阁下之未去也，已早见动之微，天所以厚阁下之终。阁下之既去也，人复为丛之驱，天所以开阁下之始。唯阁下自爱，并为元祐诸君子爱。

不肖罪重罚轻，微圣恩已厚。杜门补过，唯日孜孜。因思剥复，古来恒事，即大圣大贤，更有什伯，此者唯行法俟命，顺受其正而已。远书珍重，且在鼓盆之馀，罪废馀生，何以得此？展诵回环，不觉欲绝。匆匆拜复，稍定惊魂。尚容嵩候两公孙世希为叱致。

与姚现闻太史

前接手教，烦闷中读之，如沃我清冷也。君求仗庇入选，弟不欲作诸老书者，政谓敝邑有两人耳。乃于赤石师处，时时为之地矣，嗟乎已矣！此意亦不必令君求知也。

闻兄讨差回，当此蹙蹙靡聘，归亦无安枕处。不若且过内，计另作商量耳。新咨中，此番较上咨为胜，然物之不齐，情也。可奈何？蒲州近疏，殊非本色，何以至此？会奏是非不谬，而吃紧处未拈出，至处分大义，未见凛然，不知处一鸿胪、遣一罪珰，一笔可了。何烦举朝之哄争，四月之会议而后定耶？

　　选侍之案，全在不欲封贵妃而封后，又在抗留皇上不使出；既出而追赶，既到文华殿而犹传谕，云如何不通李娘娘；又私览本章，擅行处分。此皆垂帘本谋实事。公疏中但及李娘娘一语而已，非全史也。"先帝殡天，始以进女，继以泄药，又继以红丸部疏及红丸矣。而遗文升会奏及文升矣，又遗进女，不如高阳无形之斧斤"，数语为实录也。手教云，近日主上在讲筵云："垂帘事，朕还记得，公疏中何以不入此一段？"宣付史馆，宜莫如亲承之天语，不以此传信，而更谁传乎？

　　弟已有字与邹老先生言及此事，兄可往而实告之。不但传此一言为信史，主上胸中尚知此亦宗社之福也。弟亦有一疏差上无写，本人俟到京，请教而复上。蓼州云，兄杜门有所著述，想亦为此待弟归而上之，期于成一代不朽之典而已。帖括劳人，心血都尽，安得同知己慷慨一开口也？

又

　　令母舅竟大魁天下，可喜。三年一鼎，元不足喜，喜此官得此人耳。侯掌科何以有此佳疏，何以有此重处？然其名已重矣。大宗伯入春明一疏，足见丰节，然未见究竟结局。近闻有将移宫始末具奏之旨。此事在京者少，即在京闲曹未留心者，闻见亦不的。惟兄有真见闻，而又实实留心，可将此一段公案明白告之当事乎？

　　市上有《泰昌日录》，李本宁有《庚申纪事》，皆不甚确，然可参考也。兄能以数日之闲，汇成一书，使弟再加订证，可乎？此非但为目下，亦将来信史也。此一事关系最重，窃谓蒲州相公当有一专疏，直述始末。盖他以阁臣与闻定策事，安得不言？其次则冢宰，冢宰多不能斩钉截铁，不如蒲州一疏，便可作案耳。新咨下矣，议论当有一新，就中有骨力识见者几人，幸示之。馆选想亦不远，齐君求似称此选，兄留意焉。

又

　　别来神之栩栩，日在左右。从陆中老处得手书，行时匆冗，未及作答，而翰教再至，知不罪我疏也。年来世道清明，正人尚往，似觉门面可观。而小人不得志于清议者，往往铤而走险，投身中珰，以求奇胜，如南昌、景陵、晋陵、吉水、长安、芮城、益都、婺源、安邑、潼关，皆以中旨去，其法专用于内，而以外合之。

　　近又兼用挑激之法，使外之人离心异志。謿謿訨訨，千态万状，乘间而发，而以内投之，盖阴阳捭阖，固已入神圣地位矣。如近日之阁部部院、关辅内辅，无所不挑。才解一结，又一结生，而兵部邹匪石旧以清正名，弟闻于郑玄岳及周蓼老者甚悉，曾一称其边才。其他荐为玺丞、职方及提学者，不一而足。太宰以誉言籍甚，调入铨司，而又两番请旨，命下之日，举朝欢喜赞叹。而挑之者以为不与闻，乡人硬以坐弟与魏廓老而一矢加遗焉。

　　言在弟与魏，而意不在事，发于江右而根不在弟。去矣翩翩，缉缉来矣。虽勉撑于目前，必大狙于日后，此台臺他日之虑也。福清有见色之举，蒲州无根抵之容，高阳不得入，即入亦不见容。舍此三公，皆另是一番人，而吾邑不足赖矣。

翁台入而急急调剂之，或尚可为，安得文起出，而主持可咄嗟定。而无奈锢之者甚坚，何也？权珰似已贯盈，媚灶者似已无祷。天道人事，恐亦不久。翁兄见近报想知其概，只是天变地异，叠见层出，待得此辈烟灭灰飞时，而国祚随之矣。奈何奈何？蓼洲兄相闻为弟致意匪石一事，想亦此公之所欲拔剑斫地者。就中发难之人，即昔年与魏兄为难，而翁兄所共戒心者也。存之勿轻言，宁人负我，弟颇守得定。只是其人颇能为两舌，愿诸君子慎防之耳。

杂　著

序刘无美文

余束发即能诵法无美文，岁庚子得从无美，里中朱长儒为同门生，益习闻无美文与人。又六年，始得从南宫，称同年弟。且共视事司徒署中，所僦居又武相接也，以故间得请无美文读之。惟无美亦谬以余知文者，将属序。

圣俞生之后，余惟今之号为文者，曰：时耳，时耳。尽更置其真面目，一惟世趋之逐。高者，如逐婴儿嬉啼，顷刻万态，纵极随成，不离儿戏；卑者，直如逐市门笑䫏。作者伪矣，习者又伪焉，殆令人呕欲死耳。幸一售，而两盲夜遇，盛相美好，彼此各不相知；一不售，而心口交责，耳目乱营。既失伪妍，又掩真丑，不匍匐归则恸哭返矣，彼其面目之无有，而又何时也？故为伪叔敖，不如其为真优孟也，况其为真叔敖者乎？

无美渊闳博奥，富有日新，无所不备，而一以真为契，言必传情，情必传性。不欲作题外胜语，并不欲作题内剩情，大都传神写照，如人而止。魍魉魑魅之是图，非曰能之人，亦或以其不善图世好也者。

　　递相妍且媸，乃无美弗是也。盖以再蹶而无美信益坚，惟真故信，惟信故卒能以信信天下。余犹恨信无美者不及无美之自信什一，而玄之不白，亦聊用以解嘲矣。令无美舍其真面目，一惟世趋之逐，或幸大售，或竟不售，皆不可知。岂其以人之偶一信，易吾之真不信哉？

　　即不佞弟，六年间守其真优孟者，未敢徙业。吾斯未信，实称厥心得当。无美或亦在是，宁惟余与无美即长孺、圣俞，先后以文树赤帜，未必不操契子真也。言成，数子相视而笑，莫逆于心，遂卒书为序。

序韩绪仲文

韩绪仲墨既出，则都人士迫得窗艺，视之如渴。艺既成又走，都人士如狂焉。绪仲乃手一编于司徒署中，示予曰："惟子知我，其为我序。"余戏调绪仲曰："不有袖然举首者乎？何余之为也？君将惧以是为举首者诟厉也。"绪仲笑应之曰："文之必有元与魁也，其然，岂其然乎？"

余十年为元而不得，一年为魁而得之。余为元于十年以前，殆北面而臣之；为元于十年以后，殆狎主而盟之。余又安能以其可元可魁之身，处于朝三暮四之间，而听功令之颠倒为？毋亦惟是了手了口，使读者了然于心目之间。嬉笑怒骂尽成文章，知者赏其神理，不知者亦赏其色泽。置元则元，置魁而魁耳！必欲介介尽疆而分也，其然，岂其然乎？

予则谓文有定品，亦有小变。绪仲所欲为者，必中之业也；欲为而未逮者，必传之业也，方能为之。而姑舍是不必传，亦不必中之业也，此定品也。若夫虽不必中而后可元，惟不必传而后可以元、可以魁、可以中，而欲为必中必传焉者，反失之。此小变也，而不失其大常。奈何见黄稗之熟，而谓世无五谷；又急五谷之熟，而遂卤莽而收乎？等过矣！

尝妄意十年以前，元皆嫡派，魁亦元宗。十年以后，非惟元派，稍殊即支宗，亦复不相及矣。此无他，功令不一，而士轻徙业之故也。今观绪仲诸艺脉理气骨，追踪作者，十年为元，效见于此。令守此不徙业，宁渠狎主齐盟，即北面而事者，何敢多让？惟其急于了手了口，而且急观者了然于心目之间，此所以都人士如渴如狂，而未免惧为举首者诟厉也。绪仲受言而笑曰："子言，非知我者，盖自道也。"命书为序。

绿雪轩制艺题辞

　　予不佞，及云卿未第时，意中各相有已第。复日杖马箠挟竿牍，趋舆台，后谒所，不知何人。盖再阅月，始一面，相视而笑，莫逆也。然终不能举意中相有一语。复五阅月，俶舍且踵接，乃始手一编来问予。予偶拈一首，读未竟，忾然啥然，顾谓云卿曰："汝尝攻苦，为元腐毫碎，心困功令，而稍徙业者乎？"云卿曰："然！汝尝嘐嘐道古进退，作者自成一家，耻为一切鼻孔中语，以博聋者一噱乎？"

　　云卿曰："然！汝又尝枕山带河，幽轩别业，磊砢箴空，菁葱清远，荡胸决眦，佐吾天机，不知所以然而然者乎？"云卿于是推几而起，曰："异哉！子之知我也。知文于笔墨之内易，知文于笔墨之外难。惟子知我，胜我自知矣！且子必常以身一一为之。若有得焉，而若是亲切焉者；不然，何中之奇也？吾与子之相视而笑，不得举意中一语者类如此。"

贾汝后制义题辞

　　余所交广陵友，则张无始京元、王圣俞纳谏、何许卿南金、郑仲颖茂华最著。顾独心向贾汝后，汝后为予言："予与子举同乡，又同成进士。其为人清真澹宕同，其所自为言沉雄挚至同。序予文者，宜莫若子。"于是左子受简而言曰："惟言之同，余与子所以无不同也。人心不同，如其面焉。徵之为言，亦复什伯异之，不能为同，犹同之不能为异也。"惟言之同，予与汝后所以无不同也。

　　予犹及汝后，同为儿子号嗄语。举于乡，一再北进为先进典刑语，俱成进士。先后利不利中多所自信，清真澹宕之致不少易。非言之为，而谁为乎？《易》曰："同人先号咷而后笑"，又曰："同心之言，其臭如兰"，言之不同，即所称同心者徒课虚无索影，叩寂寞求音，有号咷毕世耳。至乃强哭为笑，益复不伦。惟言之同，予与汝后所以无不同也。

　　汝后又为予言，里中王君道新、郑君毓瀛、林君之翰、王君应祥、孙君绍本及予同门生胡君光世、朱君应达，皆铮铮负奇。顾卒后，予辈第异同之数，殆不可知。予则谓：政患言不同耳。言诚同，何必以先后籍异哉？即予与汝后无始，何必不异耶？予犹恨汝后草草一第，不及见吾道之成，无始诸君又皆几成而失之。成之，是在后来者矣。是乃予辈之所以同也。

张宪明制艺题辞

　　尝窃疑孔门贤七十有二，称文学者止游、夏两人。而予与赐号善说辞者，顾不与焉。他日，曰：文莫吾犹人；又曰：于辞命则不能也。岂善为说辞者不必能文，而质直笃信如游、夏者，文返归焉？所称彬彬君子者，非耶？

　　盖宪明之微言于不佞者，曰："生平自信孔训而外，别无文章。"夫知孔训之外无文章也，即游、夏莫赞一词矣。其于文也，至矣！

方君节诗序

余尝见李伯时《十八高贤图》，其弟元中传之。予心仪其人落落，意不可一世。及观黄鲁直为《龙眠操三章赠元中》，而子瞻、子由分赋《龙眠二十胜》，以继辋川，疑今玉峡在焉。

君节所谓别号者也，乃知诸李文章品行，俱在苏、黄间，非直以吏隐而已。后四百馀年，君节、玉成首唱风雅于三峰三水之间。眉山兄弟与龙眠兄弟与一时游者，风流文藻，皆极其致。盖庆历之际，于斯为盛。已而君节独力追正始，常自书其室曰："莫以人言轻罢笔，肯因众醉辄铺糟。"其自矢如此。宜其一往深情，前无作者也。

君节将以唱和诸什付梓人，又复即玉峡而新之。白雪纷披，银河倒泻，一亭中央，吟声与水声互夺，山川人物相待而显，亦一奇也。说者谓大云隐隐，当在龙眠间，相待而显，亦相倚而重。苏、黄诸君所以至今者，独文章哉？君节勉之矣，予非其人也。

寿周太外母朱老孺人七秩序

　　内史氏曰：予少也贱，读书能文章，意尝不可一世。里中儿目为狂痴，莫有婚者。独外舅周翁有奇识，一见谓人曰："是必大左氏之族，且以亢吾门。"亟以爱女妻之。周固巨族，舅氏又为其族之长者，人咸以诮之，终不分心也。是时，舅无子，而女育子。王母朱孺人，孺人之爱女也，甚于子；其爱馆甥也，甚于女。尝日抚女背曰："庶几六珈象服以善吾老。予老矣！犹及待也。"

　　予果以庚子登贤书。孺人先走一使于南曰："得售，急报我。"盖无奇兆而有奇识，惟斯母乃生斯子云。迨予得售春宫，而室人早世。孺人哀之，日焚香而吁，曰："余无孙，仅视此女，天不欲善吾老耶？"逾年，而舅氏举宁馨儿，孺人含饴弄孙，稍稍加匕箸，而孺人喜可知也。又明年，而予以秩满邀封纶，荣及簪履之遗。煌煌天语，以里巷微贱妇，致勤至尊之优恤慰劳，视六珈象服焜耀生前者，更为异数，而孺人又喜可知也。

　　孺人今晋七秩，予以奉节省觐，过里门，因得称觞日。惟所以寿孺人者，不过家人至情不能为文，且又焉用文之也？夫舅氏多隐德，能聚散千金，乡里口碑之，皆孺人启之也。幸邀天长子孙矣，孙甫六龄，能过目辄诵，吐词成章，远近称为奇童子。相其姿度，迥异尝①儿。试以对，辄应答无间响，泂天授异才。他年食旧德，被恩命以先宠，孺人直扬瞬间耳！六珈象服且身受之，不直如予妇故事者，孺人行以德需之矣。

校记：① 尝，当为"常"。

程年母奠章

维灵质禀坤元，德成巽顺。名阀来归，克勤克慎。妇职聿修，母仪咸正。易赞严君，懋哉庭训。希文帐墨，仲郢熊丸。甄陶怂恿，孳孳象贤。五龙雄峙，三峻郁盘。秋风桂早，春信梅先。实惟太母，木本水源。迎养都邸，板舆般般。萱庭桂砌，屡舞斑斓。

乃公赍志，乃母竟之。厥有介福，维母受之。帝念柏梁，将旌其贞。锡类而子，行及其亲。翟服龙章，是用骈臻。云胡获灰方画，娥月骤奔。溘然一疾，而反其真。回驭瑶池，蝉蜕滓尘。

呜呼！躬备四德，历处三从。笃生贤胤，镕范始终。克称圣善，赫然显荣。可以瞑目，而罔时恫。某等忝与令器，南官奏捷。狄筹同储，程门并雪。稔闻壸①范，昭哉休烈。咸思矜式，以绍芳辙。倏闻哀讣，五内摧裂。敬陈菲奠，束刍瓣香。还輀执绋，遥返故乡。繐帏惨暗，旌帛飞扬。神其依止，灵爽洋洋。尚飨！

校记：① 原作壶，当为壸字形近而误。

孙太孺人奠章

令德惟贞，淑慎尔止。坤厚载之，于湘之沚。允秀于闺，式宜厥家。勿愆尔归，毋用孔嘉。妇则维何？厥惟御穷。赁春操作，于姑于翁。脱珥劝学，爰相其夫。匍匐有丧，䎃䎃诸孤。君子偕老，鹿车容与。君子遐弃，柏梁愁余。翩翩者雏，白玉青蒲。惟母仪之，而母不知。

六珈泽首，五釜泽口。而母拮据，云我何有。人亦有言，板舆般般。母云得所，在解其官。畹有芳兰，佩有辟芷。身既隐矣，不愧君子。训庭有严，世祜是笃。亦既振孙，受兹介福。帝念庆源，伊谁发之。母氏圣善，将用申之。娥月遽奔，远莫讯之。拂上在疚，帝用悼之。

呜呼哀哉！斗等忝与令公，举同年、官同馆。譬手足之一身，俨瞻依之匪远。天不慭遗，如夺我将。逝者弗居，德音孔良。金翠皇皇，百雨锵锵。返而寿臧，惟休无疆。尚飨！

祭敕封孺人李老师母文

惟灵柔嘉婉嬺，淑慎幽贞。毓粹鸾阁，赞轨龙门。懿斯象服，至哉坤元。十七于归，慈姑早背。操作信誓，御穷靡悔。厥相夫子，正位内外。方伯太师，义重前贤。曾子有子，琴不再弦。京室有妇，宗公惠焉。

惟师世德，受兹多祉。前有太任，后有太似。徽音以嗣，堂背再恃。自古贤媛，首重内襄。深山玄豹，助成文章。藉手举首，凤骞龙骧。玉贡南金，琰摛东观。兽锦夺袍，龙羹赐馔。伊谁佐之，鸡鸣信旦。副笄六珈，天命用申。有鸳其雏，垂天之云。参差玉树，于阶于庭。如何奄忽，淑懿无报。鸾驭遽骖，龙月促召。吉至凶归，方庆忽吊。子荆赋诗，情在文先。安仁哭内，悼亡名篇。师忆内助，更切孙潘。

二三世兄，母去子独。融融无从，呱呱而哭。受书痛母，不忍读蓼。最可痛者，归唁靡期。是怨是恫，于沛于祢。风雨其漂，惟卫之凄。人亦有言，其尽百龄。不朽令德，不亡令名。我躬不阅，庇其本根。家宾等幸出师门，顾盼增价。师等君亲，事三义大。师母即母，承讳惊诧。茹悲饮泣，如摧如崩。我亦斯男，扶衬未能。燕云吴月，魂兮没宁。呜呼尚飨！

奠黄太夫人章

呜呼！湜湜澄洁，兰芬有畹。鲜鲜懿恣，君子之匹。维君子匹，既闲且嬉。坤仪作母，安贞袭吉。緐母娇修，具体自然。称诗贲道，披图用镌。含徽内莹，令慈外宣。如彼望舒，视曦与旋。奉襄夫子，肃恭在道。处丽绨绤，出虔萍藻。赞轨恪勤，显扬有皓。佐尔清白，奕世斯宝。亦既象服，福履若累。祚灵集祉，类儡攸宜。于时济美，庆蔼门楣。骏发者仲，实维我师蔚起，席珍国瑞。质行金相，文章赤帜。贤关之宗，讲幄之寄。天子攸眷，一心罔贰。思忠思孝，念母载殷。帝诰绸缪，冠帔纶纷。

谓母七十，而德犹勤。奉荣维约，含饴是欣。明明昊天，瞻婺在宿。俾尔纯嘏，宜笃之佑。遐不遐止，登彼上寿。倏尔告凶，人事莫究。

呜呼哀哉！于皇敬德，我师聿隆。历兹宗伯，指日上公。谁斯恩斯，太母攸崇。袆翟且加，如何弗躬。

呜呼哀哉！师维将母，不遑恋恋，力疏言归。旨甘燕燕，一日之餐，三公弗羡。云胡长辞，俾我心颤。

　　呜呼哀哉！戒凉在即，晓月且霜。上章泣奏，天子所伤。素帷既远，道里则长。缅惟音穆，如存如亡。某等在门，大化甄育。夙仰壶^①教，古今所淑。百年匪遥，讣音孔速。怛其何从，荐此簌簌。呜呼哀哉！尚飨。

　　校记：① 壶，原刻作壶，误。

祭陈赤石老师文

太仆少卿赤翁陈老师之逝也，既三月，柩且移之舟，门人北直督学监察御史左光斗乃为文以奠之，缅维古人麦秀之引曰：欲哭则不可，欲泣则近于妇人，不得已而托之声歌，盖伤心之极也。古今在三之义，同予之师，非犹夫人之师也。遂质直其辞，且哭且泣焉！

某生平诵法师文，恍若有会。庚子分考，师与焉，某窃私自喜。入闱之日，观者如堵墙，某适卧病不能出，顾语同舍生，曰："但认泾县陈，予房师也。"已而果为本房第一。声气相招，奇矣，奇矣！既见师，师凛不可犯。予乃知约其童心，又尽去诸程赘世俗礼。予乃知收其世情，顾心殊自疑，无乃诡故不近人。乃计偕入，见旅舍萧然，阒无其人，绝不似京朝官举止。盖心窃危之，而人莫有知师者。遂以泾县移南工，清望乃藉甚。分司芜湖，钱粮悉付所司，仅自登掌而已。人不知有钞关者，予时谒之关，而家窘甚，竟不敢有所启齿。而还时，刘云桥、陈思冈先生以风节砥砺于南，推师为主盟。更改南兵，诘戎振旅，宿蠹一清，而人不怨，内官亦慑于凤望，不敢哗。盖有好官，惟薛卿之意焉。

癸卯冬，以庆贺入。不肖某与偕行，逆旅一月，馈遗一无所问。其旅舍萧然，一如入觐时也。不肖某始得闻立朝大意矣！维时上饶杨少宰，以清正主铨，知师深，遂督学越中，而师砥障狂澜，至今为督学第一人。朝议方仰师如太山北斗，而忌者惧师向用方新，必且独行其是，不能随俗俯仰，与世浮沉。备兵三吴之命下，而师赋归去来矣。一时争者至于裂龈攘臂，师志卒不可夺。已而道学之禁兴，而师里居创立书院，教授生徒，讲学不倦。又夙有脾病，时检方书，闲则与庐山僧往还而已。

某既成进士，为中书舍人。辛亥以差便，谒师于家。跨匡庐，度鄱湖，既抵邑而寻通德之里，披榛历磴，问樵投宿，三昼夜而后到。盖避秦之居，非冠盖之墟也。山芋一饭有馀芬焉，而向之所谓童心世情，与夫诡故不近人之疑且危者，种种尽矣。两尊人皆九十其年，苍颜鹤发，比于人瑞。往时相随文墨侍儿，皆驱犊牧羊于山泽之间，歌日夕之章，而作为鱼为鸟之梦，非素心主人有是哉？予留连两日不能去。师隐益深望益重，屡登启事，以两尊人故不肯出。盖予别师者又十年，外艰服阕，诸君子牵复，师乃晋符卿来京。萧寺乍挹，颇似黄面瞿昙，而神采奕奕，行步如飞。

斗窃叹山林之能，槁①形不能槁神也。乃东事孔棘，师时时以冲圣为忧，劳苦有加，竟日夜忘寝食，而脾病发矣。再晋太仆，病不能廷谢，师益用焦劳。斗于时汤药，且慰谕云，再愈再复，复辄剧而愈亦骤。盖愈时庄语，剧时呓语，未尝不在“忠孝”二字也。

三月朔日，予以差事出，而饮食起居俨如平时。在差犹两见手书，不意其竟不及永诀也。痛哉！试事粗毕，始抚棺一恸。展奉遗书，不忍卒读。其可得而言者，商音也，怨而慕者也；其不可得而言者，和音也，哀而不伤者也，不伤之哀为至哀。吾师乎，吾师乎！抱此长哀何之乎？师有爱弟令子，能事太夫人馀年，有贤孙长，文足世其家，又何哀？

忆正月病剧时，师梦于白鹿洞作偈曰："人人各有宝，与天无二理，得宝方成佛，莫作儿戏佛。"师生时信道如此，证道可知，此时固已位参上乘，而神游三昧矣，又何哀？惟俯瞰风尘之中，目渺渺而愁予者，重可哀！斗生平不能以一丝一钱遗师，非不能，盖不敢也。今犹不敢累清德于没后，视予犹子，余不得不犹父。呜呼哀哉，尚飨！

校记：① 原刻作"稿"，误。后同。

祭周太外母朱老孺人文

　　嗟孺人之昭懿兮，毓灵和于令门。镜匕诫而依四德兮，钦内美之淑媛。弱笄结缡于伯鸾兮，允宾仪之翩翩。竭鱼菽以奉舅姑兮，又孔闲乎萍蘩。凛兹颜之不豫兮，克承欢于清温。凡药饵之必先尝兮，带弗解而忘餐。叹中叶之式微兮，愤素封之未能为。勤蚕织而茹菹盐兮，佐夫子以惕励。奴计然而逐挪揄兮，笑牛衣之泣涕。效耦耕之婉娈兮，终鹿门之隐计。爰焜燿夫先德兮，实终温而且惠。盎和气兮无违，徽祥欵兮降霏。岂冲漠兮冥冥，乃先后兮频危。转盼兮叹独子之无禄，茕茕兮仅弱孙之难持。眈①虎视兮野心，起萧墙兮祸生。欲夺我以蒸尝兮，而推于若敖之鬼。夫孰砥柱其中兮，而克为赵氏之婴？母德则鼎彝兮，母威则棱。母身则柱础兮，母泽则深。斗总角而辱门楣兮，薰兰芝而饮醇醪。悉母氏之圣善兮，睹芳容之耆耄。感祖孙之相倚为命兮，庆生人之奇遭。逐含饴而分甘兮，繄有妇而不愧乎巍操？抚石麟而占亢宗兮，拓结驷之门高。逮三釜以未央兮，觊报答其劬劳。胡天不吊兮婺光灭，奄溘疾兮兰萎玉折。悲彼人之号泣兮，追懿范之永绝。招青鸾于云中兮，飞白鸟之颃颉。顾杯棬兮在室，聆徽音兮未辍。云凄凄兮丹旐扬，风飋飋兮蕙帷张。青山苍兮水泱泱，余万里兮曷彷徨。生刍束兮醑椒浆，俨修云兮其来尝。尚飨！

校记：① 原本作"耽"，误。

答阮清宇启

　　恭惟门下人文领袖，道德师模。兰枝与桂萼齐芳，不数谢家玉树；德曜共极星并映，讵夸楚国灵椿？信哉履视其旋，所以自求多福。若乃援手接士，倒屣求贤。凡入兵厨之英，尽借龙门之誉。于今为烈，与古为徒。

　　斗忝与令孙臂连羽民，肠符栗广。真附通家于奕世，遂叨青目于频年。痴会高风，共搏迅翼。何期驽足，偶先千里之驹；反辱瑶篇，载宠百朋之锡。惟皖水鱼书甫至，尊者赐而却不恭；乃广川雁帛旋投，受已倦而施未厌。何以报德？强自拜嘉。

答马荆阳民部

　　恭惟台丈降神皖岳，分气龙津。弱冠蜚英，不数应刘屈宋；尔时腾茂，行瞻伊傅皋夔。盖窥观愿识仪容，而鸡林亦珍姓字。缅兹山斗，况属枌榆。匪曰遐遗，兼之下逮。劳鱼将尺素，匪徒下相忆而上加飧；灵龟宠百朋，真是戴不胜而违弗克。峰寒五老，想玉人霞举轩轩；月满长干，迟仙郎松风谡谡。拜嘉夕惕，临楮调饥。谨启复。

上闽抚某

伏以清风披节钺，雄开七闽之霜威；惠日照旌旄，光借三湘之云覆。马牛下走，何幸执鞭；鸳鹭荣行，滥同振羽。敢将需宴，薄展蒙心。

恭惟老大人台下，领袖斯文，规矩一世。如掔如茜，钟木陵佳气森森；一虎一龙，望莲峰高风谡谡。迩者特膺简在，非皋陶不称其咨；展矣允塞皇猷，岂于公仅为高第？云开十二，前驱耀紫帽之峰；文重五千，异彩发青牛之藏。

胡忠献之相器，特许斯其选乎？范如奎之府事，悉咨未足数矣。何期小吏，得望前尘。利见大人，聊释饮冰之惧；奉教君子，非徒附骥之私。形秽何知，瓦全有幸。戴高履厚，每踽踽以难胜；就日披云，嘉瞻依之在迩。敬修芹醑，薄展蚁忱。发逸足于燕云，聊借黄金台上；导前麾于闽海，伫欤白鹤亭边。不胜陨越企翘之至。

答方青琳求婚

　　伏以祥云开柏府，云芝奕世嗣徽；瑞月霭琼枝，月老前生铸美。真惭倚玉，何幸攀萝？恭惟亲家门下，貂珥名家，金铉粹品。德星应太史之卜，久瞻难弟难兄；流风绍仆射之狂，伫看拜前拜后。乃犹干云玉树，燕翼贻男；逐电花骢，龙文绳祖。爰分著膝，嗜窃含饴。楚楚五花文，共羡将雏于池上；昂昂千里足，同夸依骏于台边。孰为冰清，宜兹玉润；何期下体，得当高门？侧绣斧而逡巡，已觉风霜肃肃；拜赤舄而郑重，俄惊星日晖晖。何以称之？非其偶也。惟是素附通家于孔李，兼叨合调于钟牙。实惟天缘，岂繄人合？顾设帨之弱质，咏风雪以何当；倘梦匦之馀生，庶萍蘩其可托。既经大命之辱，敢不承子以迎？临缄调饥，望风欲渴。谨启复。

候泾县父母

　　恭惟老父母台下，春雪才高，鼎铉望重。偶于鸡邑，得借牛刀；日倚鸾台，频瞻凫舄。盖仰流承沫者鳞集，何况宇下之阳鲔？望风撷采者花封，并及社中之散木。青蒲虚竦，赤县何缘？

　　伏念斗食旧德之耆民，望门投之亡命。兄似人而喜，难忘旧国旧都；如弱丧而归，倍切我瞻我怙。南冠初束，楚奏频殷；北鸟羁栖，越吟偏切。爰裁鲤腹，聊展旌心；并附芹私，用为贽执。倘垂青而有冀，先人之庙貌具存；为冒昧其无诛，百世之子孙将赖。仰祈丙鉴，曷胜寅恭。谨启。

答 某

伏以南国衡平，化雨遐沾桃李茂；楚天色澹，秋风骤起蓼莪悲。凡在峤嶂，悉深怅仰。恭惟老师阁下，匡时柱石，济代舟航。纵横数万言，湘水罗浮倾笔下；括囊五千卷，石渠东观纳胸中。日近八砖，呈玉堂之诏草；云浮五色，依兰省于蓬莱。自匠石之朗鉴高悬，乃樗栎之微材不弃。吴山腐草，窃沾蟾窟之秋香；涸辙枯鱼，顿润龙门之晓浪。星回汉阙，争看威凤祥麟；雪立程门，喜得吟风弄月。但知门下士之愿怀得遂，岂期太老师之讣闻俄传。叶落洞庭，增怛切之秋思；风高回雁，惊咫尺之鸿鳞。重违爱日之诚，极抱终天之恨。万春等叨培化育，备沐恩波。谊属关心，知师台之荒迷苦块；悲同陟岵，恨穗帷之莫效扳依。缄鱼素以飏言，候龙光而暴恸。道修且阻，或冀台慈之鉴原；吊不及哀，敢忘寸衷之竦仄？伏愿节情顺变，移孝作忠。勉力加餐，伫听荣弛台鼎；爱身为国，徐看调燮钧衡。万春等临启不胜企结瞻驰之至。

贺边抚某

　　伏以三关重镇，特隆旄钺之思；五部名王，尽仰冠裳之化。弹压必资名硕，经纶允籍长才。恭惟台下国器天成，性枢神纵；渊涵岳峙，武纬文经。当在凤池，早膺锁钥之望；逮司冰鉴，益觇樽俎之猷。舆论久归，帝心特简。用诗书而谋帅，锡弓矢以建侯。七德临戎，霜威顿肃；六条察吏，风纪维新。从此抚赤斤、罕东、哈密诸番，再封定远；因之屯敦煌、酒泉、张掖诸郡，复拜营平。屹然万里长城，允矣三阶泰曜。是用拊髀圣主，长西顾以纾怀；兼令食肉鄙生，得高枕以偷息。顾款议虽定，而犬羊之性匪茹；尺籍徒存，而熊罴之腹方枵。惭无获野，可借前筹；反辱远存，倍增夕惕。对役附复，不仭詹驰。谨启谢。

贺 某

　　伏以梓荫千寻，憩馀休其不远；河流九里，沾汪润以非遥。士睹新猷，人食旧德。恭惟老年丈台下，盛世琮璜，熙朝鼎吕。初仕为令，早蜚声于赤县神州；期月有成，久昭鉴于黄离白日。盖仙吏之凫影，常傍帝座以孤飞；将尚书之履声，自彻宸聪而至止。是以乙鸿辽渺，欲审别其飞翔；六燕相停，待权衡其轻重。舆情其切，简在有归；望岂为虚，数匪云昇？如不佞弟朽腐之草，无望连茹；驽下之乘，讵堪千里？观我生而进退，自知甚明；随世路以浮沉，行迷渐远。乃蒙赤鲤，重捐素丝。报塞未能，感愧并集。谨对役附谢复。

贺　某

　　恭惟老先生台下，中国枢衡，北门锁钥。轩轩霞举，不但增色于榆边；矫矫虎臣，久矣分威于帐下。是以忠信行蛮陌，用戢阃外之烽烟；闲暇明政刑，兼彻此中之桑土。盖壮猷之方叔，合宁澹之武侯。经纶夙定于胸中，事业一措诸掌上。岂徒吾斯未信，于以好谋无成者哉？贻庆一人，为宪万国，信非偶者。如某仕学两非其优，文质一无所底。谬叨嘘送，滥忝清华。未问俟河之期，先切饮冰之惧。何当远注？重之厚存，忘其后进。依然缟纻之思，引之同升；居然王贡之义，循省徒惭。报答莫称，敢因附谢，并乞教言。若将怜其新沐，有意振冠，必且示之司南，偕之大道。某不胜惓惓，谨谢复。

贺　某

　　恭惟老公祖台下，一腔朗月，两袖清风。花雨缤纷，既得支而兼得髓；玉壶澄澈，已如水而又如冰。是以皖柱多缘，得并华风而高峙；江城何幸，遂联泾潦以同源。湛露一天，福星满路。信讴歌讼狱之有归，而尸祝社稷之不朽者也。某谊切子民，功深覆载。聚族而议，方拟扳辕；当先为逢，敢言劝驾。但二天何分于异地，而百里难久屈乎大贤。若使当路，倚重正人；即是下里，再食旧德。谨因役附复，并谢大贶，莫罄悃忱，徒有恋驰。

贺　某

　　卿月临边，地尽河湟之域；文星照乘，天开昴毕之墟。五马勋高，三台望重。恭惟老年丈台下，一腔正气，八面雄材。保厘朔漠之疲甿，熙如化国；藩屏王庭之要害，屹若长城。惠浃棠荫，居则爱，去则思，襦裤同声而尸祝；威行榆塞，贰而执，服而舍，膻裘贴息于羁縻。三晋之怙恃方殷，千乘之启行将迩。岂云异数？自有殊知。兹者爱切弹冠，情深分纻。温讯将春阳偕至，慈云与积雪交流。何德以堪，拊心有愧。敬因旋役，附布谢忱。千里风期，一梁月色。仰惟青瞩，全此素衷。

乞言行略

　　斗不肖兄弟九，皆周之自出。周于桐为望族，先外王父又周之元宗也。予母生而家且落，外王母至，不欲举之，曰："是蛇虺者，将益落吾家。"外王父强之，始得举。既长，归家君，予家亦渐落。母为脱簪珥佐家君力学，操作纤绩，事先大父母者备艰以阻。岁置塾师二，授不肖子九及《易》与《仪礼》。家君为割产略尽，饔飧之资尽出母机杼。

　　不肖斗举于乡，母益守其业不辍，卒用是致诸子彬彬成文学焉。家君贫，而好急人难，又好成就族子弟及闾子弟之贤者。母先后曲称之人，竞扶携以为家，至有忘其父母父母之者深。惟不肖斗兄弟之有今日，实母之造。家君幸及齐眉，诸孙及女孙可林立，实母之造。年六十，神明尚强，人子何敢遽以是寿其亲？惟是六珈象服，天宠惧弗克荷，而乞仁人一字以羞觥，则不敢以身隐不文为谢矣。

求度誓辞

　　奉道弟子左光斗，谨焚香誓辞于圣极度师案下。伏念斗泥土陈人，侏儒贱品，既无道可以匡时致主，又无术可以媚世全生。共在辇下之司，曾以撩须触讳；暨居堂上之座，屡以投鼠招尤。媪相不容，丛神为甚。至于彼其之子，尤为眼中之丁。虽削秩还山，君恩甚厚；而除根剪草，珰怒方殷。殆将以我为李膺，岂肯容予为范蠡？似兹人道之患，何暇阴阳之忧？

　　上有八旬之双亲，非予孰养？下有五龄之弱子，匪我谁成？勇士不忘丧元，圣人原无死地。所幸圣师乞灵上清，护持善类；遂使下愚得草宝箓，珍摄馀生。从此山北山南，我自忘人于世外；即使舌锋腹剑，伊难弄我于术中。敢谓七尺么麽，足烦百灵之呵护。自天有命，惟帝无私。总之福善而祸淫，岂其庇邪而丑正？

　　斗誓愿自今以后，忠孝名节以立身，正直忠厚以立国。庶共仰承帝鉴，因以上报师恩。若其积恶灭身，不义速毙。是为自作之孽，岂曰神之有灵？谨誓。

顶礼圣极师誓状

伏以生户死户，迅速无常；出机入机，祸发必克。故至人久视，岂虚盗造化之阴阳？上圣暗修，正恐贼自家之性命。

斗年方五十，鬓已双残。蒲未秋而先零，马至崖而不返。眼见婆娑世内，心伤流浪海中。有未孩而早亡，或盛壮而溘死。菌椿各自为寿，彭殇递而相嗤。大都因色以亡身，何异未勾而押到？岂无导师度引？无奈自弄机锋。虽神浊原非仙才，盖福轻正缘德薄。直至死而后已，可怜化者何知？于道眼既为大愚，于世法亦为不孝。某父某年当八秩，母周氏仅少四龄。亲在而身未敢许人，况身存而乃自行丧我？死期将至，鬼域为邻；忠孝一身，形影自吊。

伏蒙圣师怜予沉苦，慨发深慈。既指以呼吸双纳之全，又授以夫妇造端之道。盖知人世大患惟我，而我辈未免钟情。愚者以此殒生，大圣由此续命。因津设筏，对病投剂。岂知窍妙之玄观，不离男女之大欲。练精练神惟练炁，生天生地总生身。教外别传，得未曾有。是以如痴如醉，若梦若狂。惧无德以承当，将何福以消受？倘其知之而罪业更重，不如懦焉而忏悔犹轻。顾都门之时，曾梦异人度我；岂畴昔之夜，飞鸣相过是师？遇匪今生，缘应夙世。又伏患之，自惟生来有使气之病，兼待人有热心之愆。苟或以太刚杀身，抑或以道听忘说。负心即是负道，欺师即是欺天。万业咸随，百灵共照。凡雷霆水火、盗贼鬼神皆足以碎我之头、粉我之骨、摄我之魄、索我之魂。何必付永劫于昆明，听杳冥于地狱哉？自今以往，尊闻行知。谁其盟之？青天白日！

辑 佚

狱中血书十二通①

寄上封公

追赃一案，要熊廷弼招认，要熊廷弼上纳。无替他上纳之理，借此追比，从何处辩白？但此身属之朝廷，由不得自己。惟愿父亲母亲善自保重，勉力加餐。男之生死无定，亦听之而已。但男赤心为国，招此大祸，致令性命莫保，不能侍养左右。辛苦教子，又不能送终，男之罪也。然亦是没奈何了，一字一泣。

寄子国柱书

六月二十八日审我，坐赃二万。七月初二日奉旨，北镇抚司不时严刑追比。五日一比，赃完，发刑部拟罪。此是朝廷明旨，敢不遵命？但一时我邑无人在京，知交断绝，无一人敢来顾盼，奈何奈何？可着张使回家，变卖产业。自做秀才时，至今所有，不留寸土尺木，尽数卖了。龙眠山房是我终养之处，不得已也卖了。只是卖尽尚不能足数。今始知当初作官不会要钱之苦，然终不悔也。此字发张使回南，万不可通太爷、太太知道。只说里面一切平安，赃完发回，且免一时悬望耳。

又

我死杖下矣。性命归朝廷，何图妻子环泣哉？打问时，坐赃二万。杀人献媚，五日一比，体无完肤，求生不得，求死不能。但人亡家破，赤贫如洗。汝兄弟还当苦志读书，以图寸进。即不能鸣父之冤，亦当结自己之局。莫言读书似我甚苦，人生世上做得些事业，也不枉生一场。天乎！从来党祸，无如我今日之惨者！此时外面百凡小心，百凡忍耐。总望汝安顿一家人，不要向太爷、太太说，恐年老惊慌有意外事也。

又

汝命三十大利，亦望中得。总要苦志读书，不虚晷刻。此时无衣无食，漫漫挨过。我做清官，无家私授汝，只落得一名声。百般刑罚受尽，不能生不能死，又无药吃。里面热不可言，苦矣苦矣！此是我自作之孽，遗累父母妻子，然终不敢怨天尤人也。

又

无银打，有银也打。受不过去，挨不过去。张德明日要进来，应比时要人牵走。此时痛苦甚，一步不能行。至夜间之苦更甚，要些水吃又不方便，死矣！死矣！惟以此报皇上、报二祖列宗已矣。可怜！
可怜！

又

银已竭力，又责三十棍。苦上加苦，痛上加痛。此残生竟付杖下
矣！你是亲子，一切事要商量，不可妄为，恐祸及全家，变故莫测。惟
有小心谨慎，不可使性。我此时血气虚损，烦渴之甚，日夜浓血如泉涌
不已，痛苦难言。你明日可同孙大哥亲来讲讲。可怜！可怜！

又

汝昨叫史大哥进来，我心甚不快。他做他的事，何必来看我？此时
何时，此地何地？祸出不测，窥伺者眈眈。从今后勿让他来添我闷恼。
千万言之，勿忘！今日又要银二百两，少一两死矣！痛苦难言，身边无
人，体无完肤。你是亲子快来讲讲。可怜！可怜！

又

二十三日又要比银二百两。知外面百般设法，逢人哀求亦是无济。
不过是一条性命，此时仅剩一口气，救我亦是无用。汝等只是苦志读
书，得有进步，即是大孝。总要安顿一家人，兄弟和气，听伯叔教诲，
做好人行好事，使子孙无玷父祖清名，我死瞑目矣！你是亲子，可速来
讲讲。可怜！可怜！

又

遍身骨断，血肉淋漓，性命身家久已置之不问。但读书做官，不能封父母荫子孙，乃以一片忠心与权奸争是非。酿成重祸，百般刑罚受尽，也是甘心。既已拼命而争，何辞触锋而死？身归君父，幸不死于妻子之手，得死所矣。惟是血心未能报主，老亲不得一面，又是九泉之恨也。

又

苦极！痛极！何缘得生，何苦求生？死矣！死矣！愿以此报皇上，并报二祖列宗于天上，独如太爷太太何？

寄诸子侄书

苦极！污极！辱极！痛极！惟有呼天而已。呼天不应，惟有听天。我今日尚何爱此馀生哉？惟是身副宪臣，曾受顾命，今妄趋死路，生有累于朝绅，死无裨于君德。虚存忠直肝肠，何以见先帝于在天？伤心哉，夫复何言？我死后，县中亲友可一一上门申谢，道："我父身尸不保，只了得一身事，但愧无大益于乡里，此心耿耿耳。"

寄吴司马用先书

弟赴诏狱，以无影之事，诬无名之赃。酷加箠楚，身无完肤。但家破人离，老亲无终，幼子无聊，债家逼促，此是生前之孽，终不敢作一怨尤为也。痴愚念头到死不改，还望在朝诸臣共从君父起见，祖制国体，大家留心。弟所自恨三朝豢养，一念独盟，毫无补于今日，大有负于先帝，徒作明时累臣，死且不瞑目矣。狱中绝笔，伏望鉴念不宣。

校记：① 录自民国十四年马其昶编《左忠毅公年谱定本》。

合邑绅衿祭刘晓城公文①

呜呼！世有世法，儒有儒崇，人有人望。要以非通不法、非真不宗、非翘然杰出不望。原夫贞元希合，完品维艰，显晦岐踪，方圆异适，兼之者其谁？翁生于世庙之季，后先阅五世，君子之泽，弥衍而长。可以入世，可以超世，可以随世，可以持世，是之谓通而法。其为学，原本六经，纬以慧性，凝思所至，雷电掣而灵鬼随，非理学家言不言，非濂洛关闽诸说不说。名儒之声，干儒之业，醇儒之诣，钜儒之文，是之谓真而宗。

翁生平了不异人，而人人自远。业文章则擅文章，参时彦则先时彦。早饮香名，中跻亨路，晚息膳堂。其间壮迈不一期，舒敛不一局。婚嫁凡几，创制凡几，撑持砥柱凡几。南走建业，北陟幽燕，鼓棹清淮，振衣白岳。所至有令名，所交知尽天下名士。索之礼法而在，索之豪爽而在，索之文儒而在，索之冠绅而亦在。莫不人忧翁乐，人窳翁全，人反翁夷，人局趣而翁超举，是之谓杰出而望。

承等缘缟带之深，获丝罗之好，仰止哲人，步趋最稔，容声举止，斤斤仪指南者，积四纪矣。声臭绵合，意气相期，罄欬之响方疏，泉石之盟有待。韦经一荐，亘燕陌以驰神；孔铎初宣，指杯棬而倦驾。无几伏枕，无几盖棺，追灵爽于何方，溯音尘兮隔世，吁嗟已矣，哀莫鸣矣。我心孔迩，其人则遐，桂醑非馨，弗谖凭泻。在天不昧，肃肃而临之。尚飨！

左光斗、左光先、盛世承、戴君禧、潘汝桢、何如宠、吴叔度、盛可籓、方拱乾、盛之基、孙光先、齐维蕃、姚孙棐、孙晋等拜奠。

注：① 此文载《陈洲刘氏宗谱》。

新埠唐氏初修跋①

　　唐氏谱竣，嘱予言以为之跋。予曰：家有谱，所以溯先德、明支衍、定宗盟、垂世致也。余览故家旧牒，鲜有若唐氏人文之盛者矣。其家声世德，吴太史公之名笔，悉载在谱序中矣，予复何赘？

　　第考世系，叹曰：遐者林林乎，历世数十，历年数百。若字，若官，若昭穆，若丘陇，灿然指诸掌矣。观宸翰曰王章也，其有家之华衮。观迁地曰今皖桐巨族哉，始自徽歙分支，犹然江左故胄乎。观家规曰：善哉！简而赅，婉而廉，疏而有则，法之良也。观人文曰：冠裳之数，礼乐之区，猗欤盛矣。观艺文曰：琅琅乎，郁郁乎，君子知唐氏之多才也。备是数者，可以亢宗矣，岂不称故家巨族哉。

　　吾以为族大则张，小则削，富则豪举，贫则恣睢，又势之所必然也。今唐氏，秩然礼让成风，焕然诗书继美。四弊去，世德培，不其支衍之攸昌，家声之永振乎。谨跋。观政进士左光斗共之氏拜撰（两印章）

　　注：① 此文载《新埠唐氏宗谱》，题目为编者所加。

对联三副

俸薄俭常足；官卑清自尊。①

风云三尺剑；花鸟一床书。②

霁月光风在怀袖；白云苍雪共襟期。③

注：① 此联载左宰《左忠毅公年谱》。

② 此联为左氏宗祠大门联。

③ 此联载荣骏炎主编的《东林书院匾额楹联》。

附　录

明史·左光斗传　清·张廷玉等

　　左光斗，字遗直，桐城人。万历三十五年进士。除中书舍人。选授御史，巡视中城。捕治吏部豪恶吏，获假印七十馀，假官一百馀人，辇下震悚。

　　出理屯田，言："北人不知水利，一年而地荒，二年而民徙，三年而地与民尽矣。今欲使旱不为灾，涝不为害，惟有兴水利一法。"因条上"三因十四议"：曰因天之时，因地之利，因人之情；曰议浚川，议疏渠，议引流，议设坝，议建闸，议设陂，议相地，议筑塘，议招徕，议择人，议择将，议兵屯，议力田设科，议富民拜爵。其法犁然具备，诏悉允行。水利大兴，北人始知艺稻。邹元标尝曰："三十年前，都人不知稻草何物，今所在皆稻，种水田利也。"阉人刘朝称东宫令旨，索戚畹废庄。光斗不启封还之，曰："尺土皆殿下有，今日安敢私授。"阉人愤而去。

　　光宗崩，李选侍据乾清宫，迫皇长子封皇后。光斗上言："内廷有乾清宫，犹外廷有皇极殿，惟天子御天得居之，惟皇后配天得共居之。

其它妃嫔虽以次进御，不得恒居，非但避嫌，亦以别尊卑也。选侍既非嫡母，又非生母，俨然尊居正宫，而殿下乃退处慈庆，不得守几筵，行大礼，名分谓何？选侍事先皇无脱簪戒旦之德，于殿下无抚摩养育之恩，此其人，岂可以托圣躬者？且殿下春秋十六龄矣，内辅以忠直老成，外辅以公孤卿贰，何虑乏人，尚须乳哺而襁负之哉？况睿哲初开，正宜不见可欲，何必托于妇人女子之手？及今不早断决，将借抚养之名，行专制之实。武氏之祸再见于今，将来有不忍言者。"时选侍欲专大权。廷臣笺奏，令先进乾清，然后进慈庆。得光斗笺，大怒，将加严遣。数遣使宣召光斗。光斗曰："我天子法官也，非天子召不赴！若辈何为者？"选侍益怒，邀熹宗至乾清议之。熹宗不肯往，使使取其笺视之，心以为善，趣择日移宫，光斗乃免。当是时，宫府危疑，人情危惧，光斗与杨涟协心建议，排阉奴，扶冲主，宸极获正，两人力为多。由是朝野并称为"杨、左"。

选侍既移哕鸾宫，帝所以奉养者备具，而其宫奴刘逊、刘朝、田诏等以盗宝系狱，词连选侍父，诸阉计无所出则妄言，选侍投环，皇八妹入井，以荧惑朝士。御史贾继春信之，上书内阁，言帝不当薄待庶母。光斗闻之，即上言："先帝晏驾，大臣从乾清宫奉皇上出居慈庆宫，臣等以为不宜避选侍。故臣于初二日具《慎守典礼肃清宫禁》一疏。宫中震怒，祸几不测。赖皇上保全，发臣疏于内阁。初五日，阁臣具揭再催，奉旨移宫。至初六日，皇上登极，驾还乾清。宫禁肃然，内外宁谧。夫皇上既当还宫，则选侍之当移，其理明白易晓。惟是移宫以后，自宜存大体，捐小过。若复株连蔓引，使宫闱不安，即于国体有损。乞立诛盗宝宫奴刘逊等，而尽宽其余。"帝乃宣谕百官，备述选侍凌虐圣母诸状。及召见又言："朕与选侍有仇。"继春用是得罪去。

时廷臣议改元。或议削泰昌弗纪；或议去万历四十八年，即以今年为泰昌；或议以明年为泰昌，后年为天启。光斗力排其说，请从今年八月以前为万历，以后为泰昌，议遂定。孙如游由中旨入阁，抗疏，请斥之。出督畿辅学政，力杜请寄，识鉴如神。

天启初，廷议起用熊廷弼，罪言官魏应嘉等。光斗独抗疏争之，言廷弼才优而量不宏，昔以守辽则有馀，今以复辽则不足。已而廷弼竟败。三年秋，疏请召还文震孟、满朝荐、毛士龙、徐大相等，并乞召继春及范济世。济世亦论"移宫"事与光斗异者，疏上不纳。其年擢大理丞，进少卿。

明年二月拜左佥都御史。是时，韩爌、赵南星、高攀龙、杨涟、郑三俊、李邦华、魏大中诸人咸居要地。光斗与相得，务为危言核论，甄别流品，正人咸赖之，而忌者浸不能容。光斗与给事中阮大铖同里，招之入京。会吏科都给事中缺，当迁者，首周士朴，次大铖，次大中。大铖邀中旨，勒士朴不迁，以为己地。赵南星恶之，欲例转大铖。大铖疑光斗发其谋，恨甚。熊明遇、徐良彦皆欲得佥都御史，而南星引光斗为之，两人亦恨光斗。江西人又以他故衔大中，遂共嗾给事中傅櫆劾光斗、大中与汪文言比而为奸。光斗疏辨，且诋櫆结东厂理刑傅继教为昆弟。櫆恚，再疏讦光斗。光斗乞罢，事得解。

杨涟劾魏忠贤，光斗与其谋，又与攀龙共发崔呈秀赃私，忠贤暨其党咸怒。及忠贤逐南星、攀龙、大中，次将及涟、光斗。光斗愤甚，草奏劾忠贤及魏广微三十二斩罪，拟十一月二日上之，先遣妻子南还。忠贤诇知，先二日假会推事与涟俱削籍。群小恨不已，复构文言狱，入光斗名，遣使往逮。父老子弟拥马首号哭，声震原野，缇骑亦为雪涕。至则下诏狱酷讯。许显纯诬以受杨镐、熊廷弼贿，涟等初不承，已而恐以不承为酷刑所毙，冀下法司，得少缓死为后图，诸人俱自诬服。光斗坐赃二万。忠贤乃矫旨，仍令许显纯五日一追比，不下法司，诸人始悔失计。容城孙奇逢者，节侠士也，与定兴鹿正以光斗有德于畿辅，倡议醵金，诸生争应之。得金数千，谋代输，缓其狱，而光斗与琏已同日为狱卒所毙，时五年七月二十有四日也，年五十一。

光斗既死，赃犹未竟。忠贤令抚按严追，系其群从十四人。长兄光霁坐累死，母以哭子死。都御史周应秋犹以所司承追不力，疏趣之，由是诸人家族尽破。及忠贤定《三朝要典》，"移宫"一案以琏、光斗为罪魁，议开棺戮尸。有解之者，乃免。忠贤既诛，赠光斗右都御史，录其一子。已，再赠太子少保。福王时，追谥忠毅。

（载《明史·列传》第一百三十二）

左忠毅公集序 ｜ 梁清标

嗟乎！余小子之知先朝左忠毅公也，不独以余伯仲氏曾受国士之知而已也。当忠毅之忠而被谤，正而受诬，海内莫不闻忠毅之气作山河矣。而忠毅之文章，尤予所素慕者。

往服官都门，晤子直、复生两世兄，拜读全集。其诗文之扬扢风雅，奏议之深切时政，不具论。惟争移宫、击珰诸疏本，为皦日烈星之怀，返中钩连绳贯之计，昌言于泰昌之朝，而祸发于天启之际。至今拊膺太息，低徊愤悼者，孰为之推此志也耶？

今年奉使入粤，道过龙眠，识为忠毅柯里。旋瞻祠宇，遗像肃清，先生之正气，应与俎豆同不侂矣。嗣阅家乘，复读侍御三山先生诸稿；三山，忠毅弟也；先朝官柱下，巡两浙，其治绩直声不减忠毅，而中祸几为忠毅之续。一除煬灶之奸，一剪权威之焰。有忠毅为之先，既不愧其难兄；有三山为之后，亦不愧其难弟。岂非连理之枝，双环之璧乎？两集宜合梓之，汇成一帙。俾诵者穷流溯源，知家学之有自。今世兄子直、子厚、子周复出其子侄宜亭、家言就教于予，若之轮、若晖、若画、若升、若之柳、若曾孙曦，皆博学淹雅，异日蜚声艺苑，绳祖武而大前徽者，不益信善人之有后耶？

嗟乎！轺车所至，不知其几千里也，独龙山片石何多贤乎哉？余故乐为数言，以弁简端。因附近体二章，用志景仰之意云尔。

　　昔从稚齿仰崔嵬，少保祠堂历劫灰。指佞旧乘箕尾去，办香今借使星来。霜飞北寺沦冤狱，日暗甘陵号党魁。千载龙山传劲草，孤城气象夜昭回。

　　气壮河山俎豆新，悲风黯淡吊孤臣。登车肯负澄清志，正笏今看鼎镬身。喜见谢庭多子弟，须知李固有门人。余从伯仲闻家学，绛帐曾生帝里春（公督学畿内，余两兄皆受知）。

大清康熙岁次癸丑仲冬，真定后学梁清标拜撰。

左忠毅公文集序 | 方震孺

熹宗朝貂珰乱政，太阿倒持，爵逾上公，祠穷四海，卒能消移鼎谋，正参夷罚，公与杨忠烈折其势也。余时为同官，橐鞬鞭弭，与公相周旋。

犹记鼎湖初升之际，主少国疑之时，武墨垂帘，浸成房州之祸。公独奋争典礼，弹文首上。虽劫以雷霆不测之威，终不挠其叩头击笏之节。繇是晨鸡移宫，飞龙正位，取日虞渊，功在社稷。夫宫未移，则以安天下为重；宫既移，则以安妃嫔为情。读公再疏委曲，忠爱之心溢于言表，岂强悍直遂者所能辨哉？盖公沉深有大略，会京贯交关，腹心爪牙，丝萝蔓引，告密排挤。而公里人以谋吏垣事泄，教猱逐虎，公与魏公其首也。公疏辨科臣，痛发内外交通情状，与杨公议相表里。以是群小不畏朱云之请剑诛佞，反畏狄怀英之沉几观变，足以反周而为唐，故宁死公而万岁阉也。

顾独思移宫，名甚正，律难笞杀；坐以封疆赃罪，箠偿之，肌肉消烁，金木杂下，无已时，夜半沙囊死矣。天乎！天乎！夫不思取日虞渊之功，犹将宥之十世，而徒怀妇人之仁，惋惜踉跄之走已填矣。且公何尝不以仁义兼尽之说进哉？嗟乎！忠臣可为而不可为也。存号以全父子之慈孝焉，而不免于死；视学以空幽冀之群焉，而不免于死；开屯以兴西北之水利焉，而不免于死；谢荐金、却苞苴，家无馀财焉，而不免于坐赃而死。仁人君子读其书、思其人，有不为之流涕者乎？

今皇帝锄奸定案，怜死褒忠，而公里人犹憎其骨馀，复疏巧诋。日者，杀公之本谋始大露，岂天欲旌其杀公之恶耶？何其入于阱也，公又何憾矣哉！公死之后，余受祸亦酷。系圜墙、备五毒，赴西市者数矣。适有天幸，未能从亡友于地下，而赐环于圣明之朝，梦魂中未尝不来声音笑貌如平昔也。夫徒于梦魂亲其声音笑貌，更于断简遗编，追想其同时共事之谊。余虽木石，当较仁人而加痛矣。

公四公子皆继志述事，名冠东南。今同寓白下，求序于予。余读其《行状》，未尝不深叹正直忠厚之气郁为文章，克肖吾亡友也。公子泫然流涕曰："我父槛车时，以此字藐诸孤也。"

淮南晚弟方震孺拜撰于白门流寓。

左忠毅公文集序 | 陈子龙

呜呼！珰祸之烈也，建宁开成而后，孰有如我明天启者哉？然明之祸逾于唐，唐之祸逾于汉。击珰者，汉则以气折之，唐则参用以谋。明则有杨左，杨以气，左以谋，虽分用之事亦未尽济。盖汉唐之祸止于珰，而天启之祸在附珰者也。即附珰者，犹知为鄙夫耳。乃有迹远祠颂之间，身居彪虎之外，而党邪害正者，非真小人而何哉？

甲子岁，众正盈廷。自皖上谋入吏垣，借援于魏忠贤，附进《百官图》，设网张机，预有成算，复使私人合纠公与魏公为之端。会杨公疏珰二十四大罪，珰惊且恚。群小以疏出公手，阴中之；又以叩马献策语，为公同乡所发也。嗣南乐谋入首辅，公已草《二魏交通三十二可斩疏》，将上而泄。遂假会推，尽逐公等。尔时京贯势合，内之恨杨过于左，外之恨左过于杨。明唆暗嗾，相谓不杀杨不可也；左不杀，犹之不杀杨也。

越岁，飞文于宫禁，坐贿以封疆。首逮公，公竟诬伏死杖下矣。迨今上御极，诸奸倡先翻局，淆乱是非。继有合算之疏，意主巧护逆寺，口乃肆逐累魂，用以锢圣聪并希自掩。幸乾纲烛炤，钦定爰书，然后群小杀公之本谋始大露，将公之忠著而冤伸也。由今论之，群小必欲死公矣，乃死公之名则在移宫。一月以来，鼎湖再泣，不思奠安主上，急于护庇宫人，纵不旌以论功，反欲诋以为罪，岂非主张定计者之误欤？至受脏之诬，知借为追比地耳！当时直道，且谓熊公亦不死于封疆，而死于局面矣，况公与杨公乎？甚矣，忠贤之愚，而群小之拙也！虽然，公在今日，其何憾矣乎？归身君父，顺受其正，不闻有逃亡复壁、饮鸩沉江之举，少委其严气，天下后世谁不冤之？旋荷圣明之褒恤，优及四世，且宵人奄竖不假外兵，悉伏汉廷之大法。虽生未能杀而死杀之，公于致命遂志间，可不谓隆焉。是则吾君之威，雄于宣武；国家之祚，炽于汉唐。计公之为忠，亦必有快于二代诸贤者矣！

　　龙生也晚，素仰公文章节义。向读屯学诸疏，采入经世编中，目公为文士、为能臣。顷取全集扬①推之，独以忠从公之所由死耳。嗟乎！人臣之谊不愿为忠，即载笔者亦讵愿得忠臣而文之哉？今取忠臣之不可愿者，而故愿之，故文之。将愿为子瞻之表敬舆乎？曩日之志也。抑愿为蔚宗之传膺、滂乎？今日之志也。

　　崇祯岁次癸未孟冬，云间后学陈子龙拜书于山阴李署。

　　校记：① 原作"杨"，谨据文意改为"扬"。

左忠毅公奏议序 | 方中履

　　自古宦寺乱人之国，其祸何可胜言哉？然擅威福、毒缙绅，天下之人得以指其罪而讨之，其罪止于宦寺而已。及至后世，小人之杀君子也，使宦寺受其名而已。若不与其事，或且引身去位，无异君子之忤时。而教猱翼虎，使人无迹可求。逮宦寺之将败，又复首发其恶先于君子，至其党之显著者，则亦不惜弃之，以明公是公非，然后君子之被害者，始类于果可杀而不能以解免。呜呼！不遇英主，国是卒何以定哉？

　　天启中，逆奄用事，吾邑左忠毅公与杨忠烈公同死诏狱。人徒知公之死于奄，而不知公之死于群小假奄以杀公也。迄今遗民野老，追寻往事，从公子子厚先辈游，乃洞晰本末，盖有馀痛焉。今读公《移宫》前后疏，有不正冠肃容者乎？当是时，尊位方虚，大臣忧恐，不知所为，说论一出，而邪谋顿寝，然后知国家开言路、重台谏之深意，其得人收效至于此而后见也。或谓公疏引武氏似涉太过。嗟乎！彼武氏之初，一宫嫔耳，使听长孙无忌、褚遂良、韩瑗之谏诤，革命牝鸡，无由而见。若然，则金縢不动，叩头还笏，妲己褒姒之言，后世未必不以为过。夫一阿母几阶移祚，议者何其不思之甚也。然则选侍之不垂帘专政，坏三百年之祖制，谁之功欤？公之奠安社稷在是，而公之所以杀身在是。盖移宫之名，正未可以罪公；故假借封疆，坐以贿赂。既而定三案、刊要典，依附经术文致爰书。呜呼！此岂刑馀之谋哉？今公恤典备至，祠宇血食，而昔之杀公者，担夫菜佣莫不知唾骂直欲咀嚼之，究何益矣？且杀公未已也，挟仇修怨，又复贩君卖国，遂令祖宗栉风沐雨之庙社终亡于门户钩党。君子小人，消长进退，其关于朝家如此，宁独为忠臣一身痛，斯可拊膺流涕者也。

公奏议凡二卷，公子见遗，因序而藏于家，距公没五十有三年矣。至公抗论东事诸奏具在，其忧时敌忾，危言苦语，至引天宝青城，警动人主。公于封疆何如哉？乃反以封疆诬。悲夫！

丁巳正月晦日，同里后学方中履拜书于汗青阁。

先忠毅公文集跋 | 左光先

此先中丞杀身成仁，祸同朝而延三族者也。犹鸺留焉，见且却走，尚欲公之以遗天下后世，过矣。虽然，刘氏安，晁氏危，未闻晁危而安刘大计讳不传于当代。且圣天子华衮之隆，翻严斧钺而执政，请恩请剑，不遗馀力焉。非即为此数行谏书耶？一片冤忠映照今古，虽仇者欲杀欲割，不忍藏诸名山，投诸水火，况子若弟乎？

记曰：有善而弗知，是不明也；知而不传，是不仁也。不明不仁，予罪滋大。先是，讼冤阙下，刻有数篇，因资斧匮绝，不伦不备，臭味诸君子欲竟厥成。后死之身犹在，敢烦故人？迁延数载，今始授梓，中有《典兵》《三十二斩》诸疏，缘中丞单骑就道，稿藏不肖。时戒心珰祸，遂付祖龙，免祸焚草，草焚而祸不免。伤哉！力搜其遗稿如许耳。盖秦熖方炽，鲁璧仅存，惟读之者意逆焉。

前浙江巡按御史、不肖弟光先泣书。

跋　言 ｜左国材

　　呜呼！忠毅大人曩膺珰祸，闻踉跄出都，时以逻卒四布，生平著作，家人尽付祖龙，即《二魏交通三十二可斩疏》，亦不复存。伤哉！馀可知已。侍御叔父蒐辑诸稿，初刻自闽署，嗣缘寇乱，频移散失。不孝辈再刻于金陵，适遭鼎革之会，泛宅浮家，不能携归故土，且又失之。目今行世，乃粤东所率就者。合计三经剞劂，究未成一善本。无论缮写匪工，格式失体，兼以陶阴焉马之讹，翻害意义。难乎，免訾文献矣。不孝材痛兹手泽，益增颜汗。今敬加校订，重付铅椠，非敢有异前录。庶他时国史、家乘采择者，或不误焉尔。

　　不孝季子国材泣识。

点校后记 ｜ 陈　靖

吾乡先贤左光斗，为明代著名的忠烈之臣，历事万历、泰昌、天启三朝。左公早年由进士官御史，清直敢言，处处以体察民情、清除积弊为急务。巡视中城，则捕治假官、查获假印；出理屯田，则大兴水利，识拔人才。李选侍欲据乾清宫垂帘听政，左公与杨涟协同建议，排阉党，迫移宫，扶冲主，史称"移宫案"。天启元年，又疏逐阉党，反遭斥逐。后被魏忠贤诬以受贿，逮赴诏狱，受酷刑死。崇祯即位后平反昭雪，赠右副都御史，后再赠太子少保，谥"忠毅"。

左公生平勇于事功，不屑屑于雕章琢句。其奏疏文稿皆切于时事，不尚空言。诗作亦扬扢风雅，陶写胸襟。所作不多，皆以经世济民为鹄的。身后遗文经其弟左光先汇刻于福建官署，方得以流行。后其子左国材复刻于金陵，各种版本遂渐次增多。《中国古籍善本总目·集部》明别集中收有左光斗诗文集四种：

一、浮丘左先生文集三卷。明崇祯刻本。

二、左忠毅公集三卷。附录二种：年谱二卷，清左宰撰。左侍御公集一卷，明左光先撰。清康熙元年刻本。

三、左忠毅公集三卷。附录二种：年谱二卷，清左宰撰。左侍御公集一卷，明左光先撰。清乾隆刻本。

四、左忠毅公集五卷。清康熙忠啖椒堂刻本。

皖人蒋元卿先生编《皖人著录》，辑录左公著作尤夥，多达十二种：

一、左忠毅公集五卷。安徽艺文考别集九。

二、明刊本附一卷（安徽省图书馆藏）。

三、清道光十八年（1838）刊本，题左忠毅公集二卷。

四、清道光二十六年（1846）湘乡左春辉与左懋弟忠贞集合刊本五卷，附录一卷。

五、清道光湘乡咏史斋刊本，题左忠毅公集十一卷。

六、清道光二十九年（1849）左氏祠堂刊本三卷，年谱二卷。

七、清啖椒堂刊本五卷。

八、清光绪马其昶重编天津广仁堂刊本八卷。

九、左氏双忠集本。

十、乾坤正气集本三卷。

十一、忠毅奏疏三卷。安徽艺文考诏令奏议。

十二、乾坤正气集本题左忠毅集三卷。

而以笔者所见，左公诗文集种类还远不止此。虽然各种版本名目不同，但内容大同小异，大多以左光先、左国材所辑为底本，或诗文合刊，或专录奏疏。诗文合刊者多为五卷本，专录奏疏信札者多为三卷本。三卷本后来亦有改名为《乾坤正气集》的，甚至将其与左公齐名的杨涟文集合刊。

诸种版本中，以清初啖椒堂本收录左公诗文最为详备。啖椒堂是左

公居所，堂名乃左公逝后同乡姚康所题，后为左公后裔居住。啖椒堂本即是左氏家刻本。原本每页九行，行二十字，白口，四周单边。五卷本。卷一、卷二为奏疏，卷三为诗，卷四为杂著，卷五为传、碑、铭、状、志、墓表、祠记、祭文。前四卷为左公著作，卷五为研究左公生平的资料汇集。除了易经、制艺方面的文字未刊外，左公生平文字大多荟萃于斯。清乾隆时，文禁严酷，左公著作被列为禁书，遂使啖椒堂本存世极为稀少，目前仅国家图书馆和安徽省图书馆有藏。

我辈幸生于网络时代，过去难得一见的珍稀版本，如今网上已有复印本出售。吴纯生先生点校的《左光斗诗文集》，即是以啖椒堂本复印本为底本，参校泾县潘锡恩所编的《乾坤正气集》及清初潘江编纂的《龙眠风雅》而成。

吴君生长于枞阳东乡，与左公故里毗邻，自幼熟闻左公事迹；后又长期工作于左公故里，对左公尤为景仰。吴君业余酷爱文史，于左公诗文，爬梳校理，用功甚勤。近年，他将左公诗文集点校成书，将以面世。合肥工业大学出版社疏利民先生将其书稿转来给我，请我对其体例句读，稍加整饬，使就规范。吴君学力年齿皆长于我，以此嘱托，实愧不敢当。后辞不获已，我只好勉为其难，以一月时间，将点校稿与原著重新对校，发现了一些问题，也订正了一些疏误。限于个人能力及时间的迫促，有些错误，尚希读者谅之。

用简体字点校古籍，本是一件不讨好且不严谨的工作。尽管如此，我仍愿以严谨的态度做这项工作。点校时尽量保留古人的一些用字用词习惯，如蚤（今作早）、人材（今作人才）、那移（今作挪移）、典刑（今作典型）、亡赖（今作无赖）、筹画（今作筹划）、年分（今作年份）、吊取（今作调取）、直截（今作直接）等，不作改易。繁体字转换为简体字时，适当保留了一些容易产生歧义的正体，如馀、溷、微等字。有些字在繁体中有两种写法，简化后变成一字，单独使用时没有问题，连在一起，就让人不明就里，难以索解原字文义，如"台臺"、"么麼"等，则保留原貌，不作简化。遇有刻手误刊的形近字，如原刻本中大量的己、已、巳不分，点校时则根据文意加以区别；而"啇""隹""毌"明显是"商""佳""毋"等字的误植，则径改不加校记。至于古人用字的一些特殊习惯，今日难以理解的，如"骨肉"写作"骨月"，亦径改作"骨肉"，不出校记。原刻本中存有大量的违碍字样，当时被处理成墨钉，难以识读，点校时尽可能参校其他版本予以辨认；对于实在不能辨认的，则以□号表示，不出校记。

　　除了文字方面，点校时只将原书序跋挪至附录部分，其余仍按原书前后顺序，不作变动。点校稿增加的"辑佚"，是吴君平时留心乡邦文献，细心搜求所得的左公佚文。这是很难得的。原书卷五的"传、碑、铭、状、志、墓表、祠记、祭文"是研究左公的重要资料，作者董其昌、黄道周、孙承宗、倪元璐、邹维琏、周镳、史可法，都是晚明政坛的风云人物。吴君点校时，一则因为时间太紧，来不及点校；二则考虑书名为《左光斗诗文集》，非左公文字可以不录，只将《明史》中的左公列传附入，以便读者了解左公生平。我觉得这样处理也有道理，但又觉得有些可惜。今后如有重新出版的机会，我认为还是还其原貌为好。

枞阳　陈靖　于近善居

二〇一七年六月

跋

贴近大地的呼吸 | 钱叶全

　　8 年前，我在主编《枞阳历史文化名人》时，在书的附页策划了 60 个文化项目。当时有人以为空穴来风或异想天开。这些项目有什么意义？能够实现吗？实际上，作为文联主编这本书确实不具备文化项目的策划职能，但我还是坚持把这"异想天开"的 60 个文化项目附录了上去。我知道，一本书要走很远的路，枞阳文化精神的表达绝不能停留在一本书上，而更重要的是在政府肩上，在枞阳民众的唤醒上，在枞阳山水大地的空间表达上。

　　空间表达是一个陌生的词汇。相对于文学的表达，空间表达是一种城市语言。进绍兴城，有一句口号——沿着课本游绍兴，鲁迅先生在课本中的文章是文学的表达，而我们能够走进去的鲁迅故居就是绍兴城市的空间表达。从文学表达到空间表达，有本质的跨越，文学表达是历史传承，空间表达则是创新传承。我们从读进去的历史与走进去的历史得到的信息是不一样的。随着枞阳的对外开放，枞阳对外的精神表达不能仅仅停留在一套丛书上，而要关注人的脚步。人们来枞阳感受什么样的文化？是"静态"的历史文化？还是"动态"的历史文化？是面向过去的文化？还是面向未来的文化？其实很简单，人们在枞阳作短暂的停留，不是进入枞阳厚重的历史隧道，而是自身生命的体验。在枞阳优美的山水中，生命有一次感动，文化有一次碰撞，信息有一次交流，足够。所以编一套丛书，不要期望人家在枞阳轻快的脚步中背上厚重历史文化的包袱，枞阳呈现给客人的应该永远是大美山水、和谐乡村、淳美乡风和在山水之间的微笑。这才是枞阳，才是枞阳的原生态。但枞阳又是一个历史文化厚重的城市，有着鲜明的地域文化精神，在枞阳的历史、现实和未来中，文化精神有着持续的生命力，隐寓于枞阳生生不息的文脉中。城市的空间表达就必须完成这种职能的转换，让枞阳山水充满着历史脉动，从而实现枞阳文化精神的对外传播。荣格认为，历史的积淀是一种集体潜意识，通过表达可以上升为集体精神，这种精神凝聚着地域文化的心理能量，不仅承接历史，更重要的是唤醒现实和照耀未来。

　　本套丛书梳理了枞阳文化的十个系统（当然不止这些），历史文化居多，如《枞阳历史名人传略》《方以智传》《钱澄之传》《枞阳文选》《枞阳诗选》等。选编这些历史文化入丛书，主要考虑枞阳历史走向的一个纵向坐标，在这个坐标轴上，"人杰地灵"，以枞阳历史名人为特色，枞阳大地自古以来创造了极具地域文化个性的灿烂文化。如：方以智，代表了明清中国科学文化的高峰；钱澄之，代表了以诗记史中国明清诗歌的高峰；方苞、刘大櫆、姚鼐，代表了"桐城派"文化的高峰；吴汝纶，代表了中国近代教育转型改革实践的高峰；朱光潜，代表了中国美学开创者的高峰等。诞生在枞阳大地上的这些历史人物，他们的文化成就远远超越了地域文化局限，而成为中国和世界的文化巨人。因此，我们选编这些历史人物，不是狭隘的地域文化观，而是丰富和发展中华文明、中国文化，在时代的坐标点上，诠释"诗人之窟、文章之府、气节之乡"与长江文明的关系，与中国文化的关系。在空间表达上，长江是中华文明的摇篮，枞阳文明与长江文明一脉相承，枞阳浩如烟海的人杰与长江之滨的这块土地存在文化上的源流关系。枞阳是中国文化的重要发源地和创新地。"勉成国器"，吴汝纶伟大的教育思想揭示了枞阳人的文化胸怀。

空间表达的另一层含义就是"地灵"。姚鼐曾语："独浮屠之俊雄，自梁陈以来，不出二三百里，肩背交而声相应和也，其徒遍天下，奉之为宗。"浮屠，即枞阳浮山，即以浮山为文化圈的枞阳长江流域。现在的地域概念是，县域面积 1808.1 平方千米，吴头楚尾，长江流经县域84 千米，境内四大湖泊水系，均与长江相通。汉武帝在枞阳射蛟置枞阳县，2100 年文明史，江水东流，枞阳文化生生不息。而浮山就是一座典型的文化山，位白荡湖之滨，与江水相通，历代名人高僧纷至沓来，留下大量摩崖石刻，出现"浮屠之俊雄"，使枞阳文化自唐以来交流日盛推动"人杰"汹涌。而"地灵"的另一个方面就是枞阳特有的地域环境和地域习俗，经过多年历史积淀，形成枞阳特有的文化基因，进入枞阳人血脉，如《枞阳非遗》《枞阳民俗》等，在"耕读传家"的文化背景下，枞阳人为什么重气节，枞阳人为什么重血性，枞阳人为什么重读书，在枞阳的地理环境包括饮食习惯、语言结构、风土人情中都会找到答案。尽管整理不全面，但揭示了"人杰地灵"的人文地理关系。这是枞阳人真正的家园，也是枞阳人深刻的乡愁。我们眷念这片大地，是因为我们与母亲的呼吸贴得太近。

"枞阳文化丛书"得到顺利编纂，作为主编，我诚挚感谢钱王刚、王乐群、陈靖等十位分册主编的赤子情怀和心血奉献，感谢县委、县政府在枞阳发展的重要节点上高瞻远瞩的文化视野和丛书组委会的决策落实。应该说，这是枞阳的盛事，是枞阳人乡愁的表达，是枞阳文化人的骄傲和自豪。

但我们深知，创新是文化的生命。"丛书"提供的资源能不能上升为枞阳文化精神，转化为枞阳城市的空间语言，任重而道远。旗山公园汉武阁竣工时，《枞阳杂志》发了一篇评论《望长江》，写下这样一段话："枞阳发展的历史和未来都告诉我们，枞阳发展的成就来源于放眼世界的包容和开放；枞阳发展的未来也一定是世界的枞阳和枞阳的世界。"汉武阁正是这样一双为枞阳人打开全球化视野的眼睛。文化不仅是继承，更重要的在于创新。

2016年春，江风浩荡。我的身后是枞阳乡村的阡陌和炊烟。大地温暖，母亲仍在劳作。

（作者系县文联主席、"枞阳文化丛书"主编）